赛龙舟

【中国民俗文化丛书】

刘魁立 张 旭 主编
秦 伟 编著

中国社会出版社

图书在版编目（CIP）数据

赛龙舟／秦伟编著．—北京：中国社会出版社，2010.1

（中国民俗文化丛书／刘魁立，张旭主编）

ISBN 978-7-5087-3041-7

Ⅰ.①赛… Ⅱ.①秦… Ⅲ.①龙舟竞赛—文化—中国 Ⅳ.①G852.9

中国版本图书馆CIP数据核字（2010）第000401号

丛 书 名：中国民俗文化丛书
丛书主编：刘魁立 张 旭
全案策划：李春园
书 名：赛龙舟
编 著：秦 伟
责任编辑：李春园
出版发行：中国社会出版社 邮政编码：100032
通联方法：北京市西城区二龙路甲33号新龙大厦
电 话：（010）66080300 （010）66083600
（010）66085300 （010）66063678
邮购部：（010）66060275 电 传:(010)66051713
编辑室：（010）66060097
网 址：www.shcbs.com.cn
经 销：各地新华书店
印刷装订：北京市优美印刷有限责任公司
开 本：155mm×225mm 16开
印 张：12
字 数：110千字
版 次：2011年4月第3版
印 次：2011年4月第3次印刷
定 价：19.00元

中国民俗文化丛书编委会

序

中国民俗学会理事长　　刘魁立

人生活于文化之中，正像人离不开空气一样。《周易》说："观乎天文，以察时变；观乎人文，以化成天下。"无论汉语"文化"一词是否由此而来，这段话至少说明，我们的祖先向来对文化的重要性有十分清楚和极其深刻的理解。文化确乎是人之所以成为人、人类之所以成为人类的根本标志。人创造了文化，文化也创造了人，从这个意义上也可以说，人是文化的动物。

从文化本身来说，相当长一段历史时期的传统文化可以粗略地、也是相对地划分为两大分流，即所谓上层文化（或称高层文化、雅文化、精致文化……）和下层文化（或称基层文化、底层文化、低层文化、民间文化）。

民间文化是人民群众创造的最古老的文化，因为它的根源可以追溯到人类发展的初始阶段；民间文化同时也是最年轻的文化，因为它仍然活生生地存在于人民的日常生活和口碑之中。民间文化还是整个社会文化的基础，并且具有极强的生命力。上层文化往往是对民间文化选择、改造和精致化的结果。

民间文学、民间艺术是民间文化中最富色彩的一个组成部分。它在人类创造的一切艺术中，生命最活跃，涉及最广泛。它以古朴纯真的艺术手段，反映着人民群众的现实生活、理想和追求。它的无数珍品，是当之无愧的美的典范。没有了它，人类将失去多少童真的回忆；没有了它，人类的爱祖国、爱家乡将会缺少多少实际可感的具体内容；没有了它，人类的欢乐、悲伤也将变得干枯而平淡；没有了它，人类将会失掉多少生活的甘美和幽默……

万家社区图书室援建和万家社区读书活动，是建设社会主义文化和建设社会主义新农村的一项战略举措。我们，作为受到农民兄弟哺育和培养的知识界、文化界，有义务用学来的知识回报衣我食我的父老乡亲，这不仅是我们的社会责任，也是我们的荣耀。

中国民俗学会在这项重要活动中，承担有关中国民间传统文化的约50种图书的撰写工作，我们组织了学养很高的，包括大批教授、研究员在内的专家队伍，来完成此项写作任务。他们在相关领域里，学有所长，业有专攻，所有作者都以光荣志愿者的精神，以科学严谨的态度，用生动活泼的文字，把相关的准确而丰富的知识，呈献给农民兄弟和城镇社区的读者。完成这项具有重要意义的写作编书任务，是我们人生当中一件值得骄傲、值得自豪的事情。

中国民间文化是世世代代锤炼和传承的传统文化，其中凝聚着民族的性格、民族的精神、民族的真善美，是中华民族彼此认同的标志，是祖国同胞沟通情感的纽带。历史悠久、内涵丰富的传统文化也是我们中华民族对人类文化多样性发展的巨大贡献。急剧变化的时代在淘洗着传统的民间文化。在当今时代，我们尤其有必要对我们丰富淳厚、历史悠远的民俗传统立此存照，将其中的优秀部分及其真谛展示给广大民众，使他们对中华大地、对祖国同胞、对优秀的文化传统和淳厚的民俗民风怀有更深刻的眷恋、热爱和崇敬。继承和发扬中华民族创造的非常丰富而优秀的非物质文化遗产和民族精神，是我们的幸事，也是我们的历史责任。

我希望在大家的共同努力下，民间文化之花越开越鲜艳，为我们祖国、为我们中华民族赢得一个永恒的春天。

目录

前　言

神州大地，龙的故乡。中华民族，龙的传人。龙，以其独特的形态渗透在人们的日常生活中。不论是宫殿、庙宇、房屋，还是衣物、用具，或是故事、传说，乃至民间竞技、游戏、节日习俗等，无不留下龙的痕迹。龙文化早已浸润了我们的骨髓：飘逸的书法叫龙飞凤舞，才华横溢叫龙跃凤鸣，精力旺盛是龙精虎猛，地形险要是虎踞龙盘，环境险恶是龙潭虎穴。我们崇敬龙之神圣，恐惧龙之衰败，愤恨龙之不争，期盼龙之腾飞。

团结一致

上下几千年，龙已渗透到中国社会的各个方面，成为一种文化的凝聚和积淀，成为中国的象征、中华民族的象征、中国文化的象征。对每一个炎黄子孙来说，龙的形象就是一种符号、一种情结、一种血肉相连的情感。“龙的子孙”、“龙的传人”这些称谓，常令我们激动、奋发、自豪。龙的文化不仅被中华大地上的炎黄子孙崇尚，还远渡重洋被海外的华人带到了世界各地，“龙的传人”、“龙的国度”早已获得了世界的认同。

赛龙舟是在削木成舟、竞渡争先的环境中产生的，以后经过千百年的发展，演化成为今天壮丽的龙舟文化。

《龙舟夺标图》

赛龙舟是龙图腾的产物，本是一种原始的宗教祭祀活动，其目的是为了祛病、保健、消灾、辟邪，由于生产力的发展而成为了娱民的活动，屈原精神的出现又使其得以繁荣，后来经过历代人民的改造流传，就成了一项规则齐备的竞赛活动。社会主义新时期，它的价值得以充分地展现，它的民族凝聚力，它的振奋精神，都值得我们去深入探讨和学习。

第一章

龙舟的起源与历史

“龙”存在的两种认知

龙舟是做成龙形或刻有龙纹的船只。从古至今，龙，一直是以表达威慑力量和神性功能作为基本精神来体现的，那么，我们熟悉的龙是否在自然界存在过？目前社会上存在两种说法。

一、龙是远古自然界曾经存在的物种

一种说法是：龙是远古自然界曾经存在的物种。有自然科学学者认为，龙是远古海洋生物——巨蟒，也称海蟒，是一种以赤道暖流为中心的海域为栖境的变温动物，应属爬行纲蛇亚目蟒科，也有人认为龙是史前巨型鳄；另一种说法也是大多数人的共识：龙是生物界根本不存在的实体，但又是人们心目中活灵活现的动物，仅存在于人们的精神和文化世界里，它起源于原始社会的图腾崇拜，是许多动物图腾组成的综合体[1]。

有自然科学家认为：通过地质史分析，在第四纪冰期结束后，大约距今七千至一万二千年间，由于地球的运行轨道逐渐规律化，

---

① 闻一多．伏羲考．上海：上海古籍出版社，2006.

地球上出现了一个高温期，高温期顶峰全球性的冰川融化，致使海平面上升，形成了几千年的海水侵蚀陆地现象。我国的四大河流中下游，在海拔较低的平原、丘陵地带，都成了浩渺的水乡泽国。高温的前后，又各连接着持续四千年左右的温暖期。当高温期和温暖期，热带和亚热带气候北移，直达塞北，我国的广大水域便为水生物种提供了极为有利的生态环境。随着海侵而来的龙，也就在当时获得了一个长达四千多年的繁殖鼎盛时代，并以其巨魁的躯体和较少的天敌称霸水域环境。在四大河流中下游的先民，只能生存在被水域包围的丘陵、山区以及与水域毗连的陆地。这种情景在古今书籍中都有所描述，《淮南子·本经训》曰："江淮流通，四海溟涬，民皆上丘陵。"——长江、淮河流域之水已经相互贯通，内陆湖泊所聚集的水都溢满了，没有边际，老百姓只能在丘陵上生活。《山海经》说："有九丘，以水络之。"——有丘陵的地方被水所环绕。《左传·昭公九年》云："龙，水物也。"——龙为水生物，与雨水有关。何新在《龙：神话与真相》[①]中指出："古中国大陆和海洋上，确曾存在过一种令人恐怖的巨型爬行动物。这种巨型爬行动物，以及与其形状相近的其他几种爬行动物，其实就是上古传说中所谓'龙'的生物学原型。换句话说，'龙'在古代是确实存在的，它就是现代生物分类学中称为 Crocodilus Porosus 的一种巨型鳄——蛟鳄。"

当时，先民主要靠渔猎、采食为生，居所住地多靠近水域，受自然环境、生存条件的限制，经常和龙发生接触和冲突，由于当时龙的种群繁盛，加之天敌较少，龙和人类的生存矛盾尤其激烈。在缺乏科学认知的先民头脑里，生存的本能和幼稚思维在"相似联想"极为盛行的古代，对自然规律的愚昧认知必然产生错误的联系，人类自觉意识的觉醒，对自然力的懵懂抗拒反映在精神领域——对龙的威力产生畏惧和崇拜心理，巫术和迷信活动便逐渐形成和发展起来。"龙图腾"、"图腾崇拜"应运而生，并以多渠道的自然传播形

① 何新．龙：神话与真相．上海：上海人民出版社，1989.

式，迅速地辐射中华大地。先民们模仿龙实际就是以自己幼稚的行为方式，去影响自然而获得和解过程的遗存。

距今三千年时，温暖期结束，海水逐渐退落，冰川形成，昔日辽阔的水域逐渐涸化为陆地，龙的种群失去了主要的生存环境而趋于衰落，并且由于先民为了生存大量捕杀，寒冷期接着来临，最终使其在内陆水域逐渐绝迹。龙，就此成为在自然环境中永远消失的物种。我国古代典籍和文献里所反映的杀龙、食龙、养龙，以及将龙作为馈赠礼物的记载，正值地质史上最后一次冰期。

随着自然环境的变化，龙物种虽然不复存在，作为意识形态存在于人们记忆里的“精神”龙，不但历久不衰，而且还附上各种丰富的传奇色彩。人们对龙的崇拜和占卜得到强化和深化，龙成为最受先民崇拜的生灵之一，它渗透到人们生活的各个方面，随处可见龙的痕迹，久而久之升华为人们精神和文化世界里带有灵性的神。

二、龙起源于原始社会的图腾崇拜

另一种是以闻一多先生为代表的多数人的认识：“龙起源于原始社会的图腾崇拜，并且是只存在于图腾中而不存在于生物界的一种虚拟的生物，它是许多动物图腾糅合成的综合体，现实世界并没有存在过龙这种生物体。”

龙在老百姓的心目中是一种“神灵”或者“龙神”，它的起源和发展主要表现在两个方面：龙的“形体”和老百姓赋予龙的“神性”。

据历史资料考证：在原始社会末期，吴越先民的生存环境非常艰难，生活主要依靠从自然界猎取天然食物。先民们为了更好地生存和繁衍，通过成立原始部落集团的方式，来共同抵御各种猛兽的威胁和攻击。由于生产力低下，先民们必须做最大的努力，才能保证自己的生存发展，因而他们的一切活动，都总是严格地遵守个人行为与集体的功利动机相联系。

在原始部落中，先民们用图腾作为部落集团的标志和共同信仰，同一图腾集团的成员，视为一个完整的群体，人们在身体、衣物、日常用具、住所、舟车上刻画本部落的图腾记号，祈求受到图腾的保护，形成了一种特殊的社会文化。

各部落为了生存和繁衍而不断扩大领地，部落和部落之间相互侵略，强大部落吞并了弱小部落，部分部落出于防御共同敌人、获得共同利益的需要而联合起来，结成部落联盟。这些不断强大起来的部落群体，为了加强部落联盟的凝聚力，迎合部落群体早已形成的图腾崇拜的心理习惯，一种集合各部落图腾特征的新标记便应运而生，而龙图腾便是其中的一种。闻一多认为："龙图腾，不拘它局部的像马也好，像狗也好，或像鱼、像鸟、像鹿都好，它的主干部分和基本形态却是蛇。这表明在当初那众图腾单体林立的时代，其中以蛇图腾最为强大，众图腾的合并与融化，便是这蛇图腾兼并与同化了许多弱小单体的结果。"

吴越人当时生活在被水域包围的丘陵山区和与水域毗连的陆地，先民们在这个川泽遍布、河流众多的荒蛮之地生生息息，与无情的自然抗争。他们以渔猎维持生计，为了生存繁衍，不仅要与蛇、鳄、蟒争夺猎物，还常常受到其他水生物种的伤害。在渔猎中他们发现：蛇能够在水域中恣意沉浮、畅游无阻、神出鬼没、飞扬跋扈。出于对生存本能的愿望，内心自然对蛇产生崇拜，期望能够模仿蛇的形态，或者进行仿生性的模拟创造，先民们进而开始模仿自然界优势动物的保护色、形态特征。他们将蛇的斑纹涂画在自己的身体上，模仿蛇的生活习性，"蛇崇拜"、"蛇图腾"就此而产生。吴越人通过占卜、巫术、崇拜仪式，企图用幼稚、混沌、模糊的精神能量来模仿、控制、征服它们；采取剪发文身、打扮成"龙"的样子，企图迷惑蛇、鳄、蟒的视觉和意识，避免受到它们的伤害。当这种行为偶尔发挥功效时，吴越人就似乎找到了验证的途径，图腾信仰和图腾崇拜就被逐渐强化和放大，巫术信仰世代沿袭就成为习俗，人们的精神世界因此而产生了"保护效应"、"平安效应"，所以历久不衰、代代相传。早期龙图腾的形态特征，是随着部落联盟的不断兼并而发生变化，是先民们不断总结自然界食物链顶端动物的优势形态特征的结果，久而久之就形成今天人们所熟悉的"龙"。

古越族以蛇为图腾信仰，在考古实物中多有具体反映。在中国南方出土的原始社会晚期到西汉时代的几何印纹陶中，多有蛇的纹饰，这说明古越民族会在一些器物上装饰自己崇拜的图腾——蛇。《吴越春秋》载："欲东并大越，越在东南，故立蛇门以制敌国。吴在辰，其位龙也，故小城南门上反羽为两鲵鱙，以象龙角。越在巳地，其位蛇也，故南大门上有木蛇。北向首内，示越属于吴也。"吴国为了打败楚国，就设立了破楚门，为了吞并大越，就在南大门上设立了木蛇，表示"越属于吴"。吴国认为利用巫术制伏了古越人崇拜的图腾——蛇，就能够制伏越国。古越人的后裔——蛋人"其人皆蛇种，故祭祀，皆祀蛇神"，所谓蛇种、蛇神，实际上就是蛇图腾，或是蛇图腾的延续。越人把蛇装饰在日常出行工具——舟上，那么最早的刻有图腾的蛇舟就此出现了。

古文献中也有许多越人以龙为图腾的记载。《说苑·奉使篇》载："（越人）剪发文身，烂然成章，以象龙子，将以避水神。"《汉书·地理志下》载："（越人）文身断发，以避蛟龙之害。……常在水中，故断其发，文其身，以象龙子，故不见伤害也。"闻一多先生认为，越人"断发文身以象龙子，是因为龙是他们的图腾"。至于越人"刺皮为龙文，所以为尊荣之也"，是越人在身体上刺上龙文而象征图腾崇拜——祖宗，因而在心理上感到尊荣、荣耀。说明古越人曾经把龙作为图腾来崇拜。这里所讲的"蛇图腾"和"龙图腾"实际是指同一事物。因为在形体上，龙的基调是蛇，龙和蛇很相近，古越人的后裔蛋人载："神宫画蛇以祭，自云龙种"；"潮州土俗，以蛇之青色者为青龙，奉之如神……名曰迎青龙。"王充曰："龙或时似蛇，蛇或时似龙。"这里的龙、蛇通常所指同一事物，并非难以区分，所以很容易把蛇称为龙。

最早反映原始社会有关龙的出土文物，其基本形态就是蛇；随着时间的推移，龙的形状除了与蛇类似和近似，还有少部分龙与蜥蜴、鳄有相同之处；到了商周时期，三星堆出土的玉龙，头部看起来像猪，山西陶寺彩绘蟠龙，头部似鱼……这些龙，头部虽然差别很大，但身躯都与蛇相似，并且同一地域的龙纹饰的许多特征有一

红山玉龙

脉相承的特点。野猪头的龙形象起源于红山当地，人身蛇头龙的形象则起源于华中地区，鳄鱼头的龙形象起源于华东地区……因此，我们认为：龙的形态是以蛇为基调，并综合了许多动物的特征。从原始社会到清代的数千年里，龙的形象经历了一个由低级到高级，由简单到复杂，由朴素到华丽，由不足到充实的过程。闻一多先生认为“所谓龙者只是一种大蛇，这种蛇的名字叫做‘龙’，后来有一个以这种大蛇为图腾的团族兼并了，吸收了许多别的形形色色的图腾团族，大蛇这才接受了兽类的四脚，马的头、鬣的尾、鹿的角、狗的爪、鱼的鳞和须……于是便成为我们现在所知道的龙了。这样看来，龙与蛇实在可分又不可分。说是一种东西，它们的形状看起来相差很远，说是两种，龙的基调还是蛇”。①

龙的“神性”

《汉书·地理志下》载：“自交趾至会稽七八千里，百越杂处，各有种姓。”长期以来，在百越地区残存着许多“各有种姓”的部落，因而蛇图腾崇拜也保留了各自部落的特征而残存下来。春秋战国时期各民族大融合，汉武帝征南越，秦始皇统一中国，古越民族很快与华夏民族融合，于是古越族的图腾也与华夏民族的龙神融为一体，共同演变成了后来汉民族所崇拜的龙。此时的龙是由蛇图腾、龙图腾综合了各部落的图腾特征后形成的，图腾在部落消亡的过程中逐渐退出历史舞台，继而融合了华夏民族的龙神；图腾崇拜逐渐转化为龙神崇拜，龙在人们的心目中逐渐被臆想成了主持治水播雨

① 闻一多．伏羲考．上海：上海古籍出版社，2006.

的神祇，老百姓认为：凡是有水的地方就有龙的存在。每逢旱涝或雨涝年馑，人们就普遍地认为是得罪了龙王，这种对龙的崇拜意识必然要外化为具体行为，于是祭拜龙神、娱乐龙神、模拟龙神，祈求能大能小、呼风唤雨、变幻无穷的龙神显灵，给百姓治水播雨。

随着农耕时代的发展和阶级社会的产生，统治者为了维护统治阶级的利益，利用农民对龙神的虔诚和崇拜心理，对人们观念中的龙加以神化和美化。封建时代，龙文化是中国传统政治理念的重要组成部分。历朝历代帝王按照统治者的审美要求对龙的形象加以改造，塑造神龙偶像。然后把王权比做龙神，把自己比做龙王：穿的衣服叫龙袍、睡的房屋是龙宫、骑的马是龙驹、生气是“龙颜大怒”，把妇女的生育与龙神附会结合起来，把皇权的统治和龙神之意结合起来。《三皇本纪》载：“少典之妃，感神龙而生炎帝”；《诗含神雾》载：“尧帝庆都，与赤龙合昏，生伊耆，尧也。”统治者臆想皇族和龙族融为一体，以展现其威严、神圣、高高在上、不可亵渎、不可侵犯的形象，并利用巫术和宗教活动，给龙神加官晋爵，借以抬高统治阶级的权威。

到了明清，随着反封建意识的觉醒，作为意识形态存在的龙的价值也产生了分化，出现了善龙和恶龙之分。对龙神的巫术不仅有尊崇、敬拜、奉承、祈求，还有诱惑、要挟、讹诈、利用，于是龙文化被注入了种种新的内涵。由于长期的衍化和嬗变，龙文化里的巫术形态渐趋于宗教化、迷信化、娱乐化。宗教和迷信色彩随着历史的发展、人类文明的进步和认知程度的提高而逐渐退化、衰落，娱乐性则相应增强。随着对自然的了解加深，人们掌握命运的自信心逐渐增强，逐步从对图腾、龙神的惊恐与崇拜中摆脱出来，原有的巫术、祭祀和宗教内涵被逐渐弱化和衍化，最终演变为全社会的娱乐、游戏和体育的新质态。

龙文化从乐神到乐民的转化，是人类破除迷信，从思想上摆脱神权桎梏的重要标志，从此龙文化发生了质的转变。

舟起源

一、独木舟

迄今为止，通过考古发现证实，最早的独木舟是中国考古工作者在浙江萧山跨湖桥新石器遗址出土的独木舟，船身为整块松木，船头上翘，船长超过 2 米，船体显露处宽 50 厘米，船身最宽处 70 厘米，船舱深约 15 厘米。根据国际上通用的碳 14 同位素衰变法，对文物进行年代测定，结论令人震惊，该出土文物距今约 8000 年，比河姆渡遗址还早 1000 年！是目前世界上发现得最早的独木舟和造船作坊遗址。说明早在史前时代，南方先民就已经使用独木舟了。

云南泸沽湖摩梭人使用的独木舟

浙江余姚河姆渡遗址出土的雕花木桨，距今约有 7000 多年历史；浙江杭州半山水田畈遗址出土有木桨和整木刳成木盒一件；浙江湖州吴兴钱山漾下层出土有木桨、独木刳成的千篰（木篓子）、木槽等，这些出土文物证实，独木舟是新石器时代早期的产物，当时河姆渡、水田畈和钱山漾的先民们已经能够熟练制造和使用独木舟了，独木舟成为南方先民们日常出行最便捷的水上交通工具。钱山漾遗址下层属新石器时代晚期，上层属铜石并用时代，两层的文化是一脉相承的，只是上层出土文物饰有大量的印纹陶。印纹陶是现在学术界公认的古越民族遗留的产物。

中国古籍《世本》记载："古者观落叶，因以为舟"，先民们善于取诸万象，为我所用，把舟造成落叶的样子；《易经》记载："利涉大川，乘木有功也"，先民懂得，要顺利通过大江大河，非造舟不可。古代百越民族善于制作舟楫，巧于操舟。《易金·系辞》记载：

“刳木为舟，剡木为楫，舟楫之利，以济不通，致远以利天下，盖取诸涣。”（涣卦：此卦上为木，可以作舟楫；下为水，可以通航。）“刳”是将木头剖其中为空，“剡”是削木让其尖锐，“刳木”和“剡木”反映出独木舟和桨的制作过程。《吕氏春秋·慎大览·贵因篇》载：“适越者坐而至，有舟也。”《淮南子·齐俗训》载：“胡人便于马，越人便于舟。”古越人善于制舟，善于驾舟，可以说是龙舟起源的先决条件。这也是我们认为龙舟文化是从古越族起源的理由。

出土于湖北江陵毛家园一号西汉墓的独木舟

早期的独木舟结构极为简单，虽然已经看不到先民利用火和石斧加工独木舟的具体情形，但是根据跨湖桥出土的独木舟，整个船舱内发现多处黑焦面，有火烧灼的明显痕迹，附近还发现锛（类似石斧）和石锛柄，表明独木舟制造是先用火烤焦，再用石斧加工的制造工艺制造的。

先民们先是砍伐一段粗大的树干，削去周身的旁枝、树杈、树皮，再将树干砍挖成槽，但是当时的生产工具是石斧、石刀，以如此简陋的工具制造独木舟，特别是在整段的树干上挖槽，显然是困难重重，于是先民想到挖槽可以用火来烘烤，将整段的树干中央削平，然后在平面上刻画出需要开挖部分的轮廓，将点燃的木屑放在需要挖槽的部分，槽内的木头烧至碳化后，用石刀、石斧很容易就砍削去碳化层，如此反复加工，减轻了挖槽砍削的劳动量，同时也提高了工作效率。从出土文物可以看到，有些独木舟的船舷部还设有横向支撑构件，以增加船体的宽度和稳定性，应该是经过火烘烤增加横向支撑以扩展中宽，早期的独木舟是先民们日常出行的水上交通工具。至今，在中国的南方水乡地区，还能够看到人们使用独木舟。

二、诺亚方舟

在西方同样有着舟起源的故事——神命诺亚造方舟的故事：“神对诺亚说……你要用歌斐木造一只方舟，分一间一间地造，里外抹上松香。方舟的造法乃是这样，要长三百肘，宽五十肘，高三十肘。……诺亚和他的三个儿子、妻子、三个儿妇，都进入方舟；他们和百兽各从其类；一切牲畜，各从其类；爬在地上的昆虫，各从其类；一切禽鸟，各从其类；都入方舟。”

诺亚方舟是出自《圣经·旧约全书》中的一个引人入胜的传说。亚当、夏娃由于偷吃禁果，被逐出伊甸园。此后，该隐诛弟，揭开了人类互相残杀的序幕。人世间充满着强暴、仇恨和嫉妒，只有诺亚是个义人。上帝看到人类的种种罪恶，愤怒万分，决定用洪水毁灭这个已经败坏的世界。上帝要求诺亚用歌斐木建造方舟，并把舟的规格和造法传授给诺亚。此后，诺亚一边赶造方舟，一边劝告世人悔改其行为。诺亚用了整整120年时间终于造成了一只庞大的方舟，并听从上帝的话，把全家八口搬了进去，各种飞禽走兽也一对对赶来，有条不紊地进入方舟。7天后，大雨自天而降，一连下了40个昼夜，人群和动植物全部陷入灭顶之灾。除诺亚方舟以外，亚当和夏娃的其他后代都被洪水吞没了，连世界上最高的山峰都低于水面7米。

上帝顾念诺亚和方舟中的飞禽走兽，便下令止雨兴风，风吹着水，水势渐渐消退。诺亚方舟停靠在亚拉腊山边。几十天之后，诺亚把鸽子放出去，黄昏时分，鸽子飞回来了，嘴里衔着新长的橄榄叶，很明显是从树上啄下来的。诺亚由此判断，地上的水已经消退，万物又恢复了生命。后来，西方人就把鸽子和橄榄枝作为和平的象征。按照历史学家的计算，《圣经》记载诺亚造方舟的时代大约相当于中国古代殷商以前的尧舜时期，距今有5000多年的历史。

赛龙舟溯源

一、龙舟

南方水乡泽国，河网密布，人们在生产生活中“陆事寡水事重”，舟楫成为生产和生活中的重要交通工具，对龙的崇拜和对美好生活的期望，是促使远古的人们开始将龙和舟紧密地结合在一起的重要因素。最初，“竞渡”之舟只是一般的独木舟，直到西周，开始出现了舟与龙神图腾结合的产物——龙舟。

古文献中最早出现龙舟记载的史料是《穆天子传》，“天子乘鸟舟、龙舟，浮于大沼。”《穆天子传》为晋太康二年从魏襄王古墓中发现的书，魏襄王在位时间为公元前318年至前296年，相当于春秋战国时期。书的内容是记载西周穆王之事，从西周的历史发展脉络来看，西周始祖后稷，原居邰（今陕西武功），到周武王灭商，建都于镐（今陕西西安西南沣水东岸）。所以周穆王乘龙舟浮于大沼的地点在陕西，因此我们可以推定在战国时期就已经有龙舟了。

书中记载周穆王是一个喜欢游玩的君主，他乘坐八匹骏马驾驭的马车，跑遍了中国的山川；乘坐鸟形、龙形的船，游遍了中国的河流。鸟是古代的一种水鸟，龙是食肉动物蛇、蟒、鳄等，都是原始先民崇拜的图腾。《山海经》中的《南山经》和《南山二经》均载：“其神状，皆鸟首而龙身。”“其神状，皆龙身而鸟首。”说明当时南方的部落民族是信奉鸟和龙图腾的，先民认为乘坐鸟舟、龙舟可以避水害，深信鸟和龙的祖先是保佑先民的先祖、后裔免受水害而得以繁衍生息。先民通过声势浩大的赛龙舟，能使天上、水中的龙，心神感应而大愉大悦，从而焕发神性，恪尽神职保佑一方风调雨顺、稼渔丰收。同时人们自身禀赋龙性，像龙那样强悍矫健，进而祛邪弥难。于是乎人们以龙饰舟于水，装扮成“龙子”，视自己为龙族一员，并坐舟于苍茫绿水之中是最直接、最接近龙的形式了。由此也可以看出人们长期以来为水所患的恐惧心理。乘坐龙舟可以避水害……逐渐衍生为避水害

1972年出土于四川郫县的东汉木船画像石拓片

可以出行平安，所以乘坐龙舟以避水害就成为古代的一种习俗。这些行为亦曲折地透射出龙可致风调雨顺，能使农渔丰收增产的原始信息。并且也反映着先民对农业生产的良好愿望，寄托着人们对农耕生活的祝愿与祈求。

我国举行赛龙舟的历史源远流长，古代典籍不乏记载，但作为实物而保存下来的龙船则极为罕见。1977 年在广东番禺县钟村镇大洲村西北珠江的陈村水道发现一艘古龙船，船长 43.6 米，宽 4 米，船最高处为 0.62 米，船底距地表 0.90 米。船舷外部为彩绘龙鳞，用红黄黑三色绘成，是番禺境内发现的最早的龙船——大洲龙船。据清乾隆三十九年（公元 1774 年）版的《番禺县志》载："大洲龙船，有宋宣和遗制……舟长 11 丈，龙首尾刻画，奋迅如生……"清人李调元《南越笔记》亦记载甚详："大洲龙船，高大如海泊。具鱼龙百戏，积物力至三十年一出。出则诸乡舟行以从，悬花毯、绣囊，香溢珠海。""宣和"，是北宋的年号，即北宋皇帝宋徽宗的第六个年号。为公元 1119 年至 1125 年。宋高宗建炎元年，宋室由汴梁迁至临安，号为南宋。所谓"宣和遗制"，即指宣和年间龙舟和赛龙舟的风格。

位于湖南省西北部的沅陵，近年来发现了 1200 多座战国至西汉时代的古墓群及 10 万平方米的旧城址，被证明该县是秦置黔中郡治所及传说中的"夜郎国"所在地，是中国传统龙舟的故乡。

二、赛龙舟名称的由来

人类有了舟，经常在水上活动，便于出行和捕猎，当有两只或两只以上的舟同时发现食物时，先民们为了争夺、获取食物，自发性地就开始了原始的竞渡。赛龙舟又称划龙船、赛龙舟，还有的地方称爬（扒）龙船、扒龙舟、龙舟节、龙船节、龙船会。虽然名称不同，但都是指同一件事物。赛龙舟是自古比较通俗的叫法。"竞"——《说文》中注释为："强语也。""强语谓相争。"《辞海》中解释为："比赛、争逐。"如果单从字面的意思来理解，竞渡是指速度比赛，赛龙舟是龙舟的速度比赛。但实际上，古代历史所表示的竞渡和赛龙舟，不仅包含龙舟的速度比赛，而且还包含其他竞渡方式和相关的宗教活动。因此，可以说它是作为一个专用名词来使用的，它包括了赛龙舟这种传统习俗的全部内容。

“竞渡”一词最早见于西晋周处所撰《风土记》，载：“仲夏端午……踏百草，竞渡”；南朝梁时学者宗懔《荆楚岁时记》明确记载：“五月五日……是日竞渡。”最早见于正史的是《隋书·地理志下》，载：“习以相传，为竞渡之戏。”随后关于赛龙舟的记载就越来越多了，较有代表性的《竞渡诗》描写：“……鼙鼓动时雷隐隐，兽头凌处雪微微。冲波突出人齐谳，跃浪争先鸟退飞。向道是龙刚不信，果然夺得锦标归。”

从考古文物分析，浙江鄞县出土的一件春秋时期的青铜钺，上面刻的是“羽人划船纹”。鄞县古为堇子国，春秋时是越国的一部分，该青铜钺不但出土于越国古地，而且带有典型的越族风格，属于古越人使用的铜器，铜器上的“羽人划船纹”，纹饰的边框内，上方有两条相向的龙，应该是古越先民崇拜的龙图腾，下部是狭长的轻舟，舟上坐四人，头戴羽冠，双手奋力划桨，画面生动写实。该青铜钺真实再现了当时南方水网地区，古越人的水上生活，称之为竞渡是比较妥当的，可以说早在春秋时期，古越人就已经有竞渡习俗了。因此，我们可以认为在春秋时期就应该有竞渡了。

从各地出土的铜鼓分析，铜鼓的年代多为战国中期至东汉年代，铜鼓上刻画的船纹，有的为独木舟，有的为双身船，船头大部分似鸟头，船上的人多头戴羽冠，基本是坐姿，船身都很窄长，无船桅、船篷、船舵，船尾则有一人手持船桨（船橹），外观船体轻便、灵巧，多显示为侧面图。晋宁出土的残铜鼓船纹，是双人并排划水的坐姿（立面图），与现在的赛龙舟相同。而其他的铜鼓船纹，从侧面看，只见一排人坐姿划水，实际上表现当时赛龙舟比赛的侧面图，如果将它还原为正面图，也应该是双人并排划水。从图案可以看出，当时的船体很窄很长，不像运输船那样长宽比例协调，应该是为竞渡活动而专门挑选或制作的船，目的是为了划水省力、轻盈、速度快，铜鼓上刻画的“羽人划船纹”，应该就是先民赛龙舟习俗的写照。

在其他铜鼓船纹上的图案反映：有的船似乎在倒向行驶，鸟首在后，鸟尾在前；有的船纹还难以区分船头船尾，船头船尾装饰相似；有的船中部有栅台，栅台上装有饰物或活物祭祀品（如牛），应该是古越人竞渡时的祭水神活动。铜鼓上的“羽人划船纹”，最大的特点就是船首船尾均饰以鸟首和鸟羽。据考证，“鹢首舟”是西汉至六朝间的最通行的船身纹饰，目的是使水神害怕，保佑出行平安，反映当时的宗教迷信特征。

三、赛龙舟的地理分布

赛龙舟的形成和发展不仅有其历史宗教等文化因素，与地理环境因素也有着紧密的联系。自古以来，人与自然环境就密不可分，特别是赛龙舟这种在水中开展的风俗活动，更是与自然气候和地理环境息息相关。古代的赛龙舟主要分布在我国的南北两地，从地理位置分析，以晋、吴越、荆楚三大地区为发源地，主要集中在以下省区：陕西、浙江、江苏、湖南、湖北、广东、广西、福建、河南、安徽、四川、江西、云南、贵州、台湾、香港、澳门等。其中，以南方各省开展较为普及，尤以湖南、湖北、江西、广东四省的赛龙舟之风最盛。城市主要集中在西安、开封、杭州、上海、广州、苏州、无锡、荆州等水域充沛的大城市。

赛龙舟的地理分布以江南为腹心的南方区域，南及珠江水系、闽江水系，以及东南沿海地区，北及长江、黄河流域。其中陕西、河南的水域源头是黄河、汉江；属长江水域的地区有浙江、上海、江苏、安徽、湖北、湖南、江西、贵州、四川等。长江分支的江河更多：有赣江、阮江、乌江、嘉陵江、沱江、岷江、金沙江、雅砻江、澜沧江、怒江等。上述这些江河流域都是我国赛龙舟的集中地区，可以说以水域为活动地点的赛龙舟主要发源于黄河、长江，并随着时代的变迁，在长江流域及其分支发展。赛龙舟的发展与河流、湖泊、涧溪等不同水域有着密不可分的联系，竞渡地点一般选择河面宽、河水深、流速缓、河堤宽的地段。既便于龙舟活动，又便于百姓观看，故大多数均选在人口密集的乡村、城镇。清代文人舒梦兰的《金沙州观竞渡作》载："双溪潺潺自东流，群观竞渡双龙舟。"说明赛龙舟是在水流速度较缓、老百姓聚集的地段进行。逐渐形成的龙舟文化更具有鲜明的地域特色。龙舟文化覆盖面之广，群众基础之大，由此可见。

四、赛龙舟的演变

远古时期，以竞渡为主的划船活动常见于当时的民间，当时的赛龙舟主要目的是祛病、消灾、祭祀和纪念。秦汉魏晋以后，赛龙舟开始与端午节习俗相联系，后来吴越文化逐渐和中原文化对流，这种习俗才传到长江上游与中国北方，成为端午节的一项主要活动。

据有关史料记载，赛龙舟汉朝时期只是在湖南、湖北地区流行，唐朝时期赛龙舟活动发展最为活跃，后经唐宋两朝官府的提倡，才在全国范围内成了一个民间的节日活动，大约从这一时期开始，各地的赛龙舟时间也逐渐统一，于每年的五月初五前后举行，赛龙舟成为江南农村端午节活动的重要内容之一。

赛龙舟早期是为了祛病保健。唐朝之前，出现"抢尸"和"招魂"，是为了表达纪念意义，并无"夺标"之规定，赛龙舟由最初的"龙祭"发展为纪念屈原是由于中国封建政权出于推广文化影响力的需要，到了唐代竞渡则成了一项独具特色而又极为隆重的竞赛活动。赛龙舟由祛病、纪念活动转变成竞赛，其目的在于争夺第一名——斗舸，竞渡的程序和规则也趋向严密和完整。为了裁定名次，组织者在比赛的终点设置一个"标"。"标"既是比赛终点的标志，又是优胜者的奖品，夺得"标"者便是冠军。最初的"标"有"鱼标"、"鸭标"、"铁标"等多种形式。"鱼标"、"鸭标"投入水中即刻游走，"铁标"则直沉水底，如果没有出色的游泳和潜水本领，要想夺"标"绝非易事。后来人们在水面的终点插上一根长竿，竿头上缠锦挂彩，鲜艳夺目，价值不菲，时称之"锦彩"、"彩标"，亦名“锦标”。竞渡领先船只，以首先夺取“锦标”者为胜，故这一竞赛又称为“夺标”。“标”后来成了冠军的代名词，现代体育比赛中“锦标赛”就由此而得名，其意义代表体育比赛的最高水平和取胜者的荣誉。

唐代典籍中留下许多“夺标”的描述和记载：张说《岳州观竞渡》：“鼓发南湖槎，标争西驿楼”；白居易《和春深》：“齐桡争渡处，一匹锦标斜”；元稹《竞舟》：“建标明取舍，胜负死生求”；储光羲《观竞渡》：“标随绿云动，船逆清波来”；五代花蕊夫人《宫词》：“第一锦标谁夺得，右军输却小龙船”。诗人刘禹锡的《竞渡曲》和张建封的《竞渡歌》也生动地记载和反映了当时赛龙舟的热闹场面。

宋代以后，夺标成为竞渡的法定规则，一直沿用到明清。宋元时期的竞渡之风愈盛，不但民间组织，官方也大力提倡，民间的端午竞渡十分活跃。当时，各郡、县、村社每年都组织赛龙舟活动，一到端午，官府即赏赐竞渡组织者以绸缎、银饷。各朝帝王为强大水军，也鼓励军中划船竞渡。宋朝黄公绍在《端午竞渡摆歌十首》中，为我们勾画了一幅生动的龙舟比赛图：“看龙舟，看龙舟，西堤未计水悠悠。一片笙歌催啼晚，忽然鼓摆起中流。”

明清时期，每年的赛龙舟比赛活动仍以南方水乡为盛。与此同时，明清的宫廷也仿效这一习俗在西苑搞龙舟赛。明代万历年间，宫中太监刘若愚在他所著的《明宫史》中曾记载有五月端午日，皇帝临西苑，参加“斗龙舟、划船”活动等情形。“中流九龙舟，谁肯相参差”的诗句，就是清高宗在观看西苑赛龙舟之后留下的著名咏唱。

赛龙舟发源于中华民族，作为一种古老文化，它不仅有着丰富的社会内容，而且还有着丰富多彩的表现形式，其规模之大、人数之众、气势之恢弘，在传统的体育项目中表现尤为突出。通过历代王朝的普及传播，陆续传入到韩国、日本和朝鲜及东南亚各国，并逐渐在当地形成历史悠久的民间传统习俗。

五、赛龙舟的日期

端午节，赛龙舟，道出了赛龙舟的具体日期，这也是全国大多数地方竞渡的日期。不过，还有部分地区竞渡的时间并不在端午节。

通过地方县志统计，赛龙舟普及于全国的214个县市，全国开展赛龙舟的县市约有92%以上是在端午节期间举行比赛。许多地区开展竞渡活动一般要连续比赛好几天，时间多数安排在端午节期间。因龙舟的制作、修补、祭祀、试水等一系列前期筹备工作复杂烦琐，所以需要较早准备。

赛龙舟日期一般都是遵照前辈的传统惯例，基本都在端午节的前后或者较近的日期举行，所以比赛观者如云，热闹、隆重，但个别地方竞渡日期也有所不同。

《旧唐书·杜亚专》载:“江南风俗，江中有竞渡之戏。”有的地方在正月十五元宵节划龙舟。《杭州府志》载：“西湖竞渡以二月八日为始，而端午尤盛。”《山阴县志》（卷十一风俗）载：“夏至……竞渡于通津。”山阴县夏至曾有过竞渡，后来就没有了；还有些地区端午正值农忙季节，妨碍生产，于是竞渡日期端午节前后推迟，早晚并不一律[①]。

在福建仙游县划龙舟是在农历三月三十日；云南西双版纳傣族人民则在泼水节（清明后七天）举行赛龙舟活动（傣历六月二十四日至六月二十六日——公历4月13日至4月15日）；贵州省清水江畔的苗族赛龙舟，则在农历五月十四日至二十八日；云南大理白族人民七月二十三日过火把节举行赛龙舟；宁波市鄞州区云龙乡中秋节赛龙舟。

有些区县每年要举办多次龙舟赛事，如《吴江县志》载：“清明，旧志云，两日谓之寒食……元末是日有竞渡之戏……此明嘉靖年间已久废，今惟端午竞渡于长桥庞山湖等处，或六月二十四日，

① 张建世．中国的龙舟与竞渡．北京：华夏出版社，1988.

或中秋日，其事略与元时清明日同。”——吴江县在元代末期清明、寒食有竞渡，以后废除，只剩下端午、六月二十四日、中秋日竞渡了。

从全国各地赛龙舟的日期可以推测：通常是选择农闲时节、庙会、节日、纪念日、喜庆日举行，目的是增加特别日子的欢乐气氛，以示纪念、祝贺。总的来说，端午节期间竞渡最为普遍。

第二章

赛龙舟起源传说

话说端午

说到赛龙舟不得不说到端午节。端午节，吃粽子，赛龙舟，它们之间有太多密不可分的联系。

农历的五月初五是中国民间传统的节日——端午节，也是中国最古老的节日之一。五月初五又叫端午，端午又称作端五。端就是开端、开始的意思，古人把午时称作阳辰，五又为阳数，所以又叫端阳。农历以地支顺序推算纪月，正月建寅，二月为卯……一年中的第五月正是午月，所以把五月称为午，“五”和“午”是相通的。而每个月里都有三个五日，头一个五日就是端五。

端午节已经是中国人 2500 多年来的一个传统习俗，从史籍记载的情况来看，“端午”两个字最早见于晋人周处《风土记》：“仲夏端午，烹鹜（鸭子）角黍（粽子）。”端午节还有其他的别称：端阳节、夏节、午日节、重五节、五月节、浴兰节、女儿节、天中节、地蜡、诗人节、龙日、菖蒲节、龙舟节、解粽节（粽子是端午标志性

端午赛龙舟

的节日食品。古人端午吃粽时，将粽叶解下，比量粽叶长度，以长者获胜为游戏，故又有“解粽节”之称）等，堪称拥有别名最多的节日，尽管这些名称不一样，但从过节的意义上来说，是基本相同的。节日的风俗习惯和内容包括赛龙舟、吃粽子、挂钟馗像、佩香囊、饮雄黄酒、悬挂菖蒲、艾草、迎鬼船、躲午、贴午叶符、游百病、比武、击球、荡秋千、女儿回娘家、给小孩涂雄黄酒、吃五毒饼、咸蛋、种子等。由于中国地域辽阔，少数民族相互杂处融合，许多民间神话故事彼此相互传诵，所以许多少数民族和汉族一样，也过端午节，如：蒙古族、藏族、苗族、彝族、壮族、布依族、朝鲜族、白族、土家族、纳西族、畲族、仡佬族、羌族、鄂伦春族等 28 个民族。

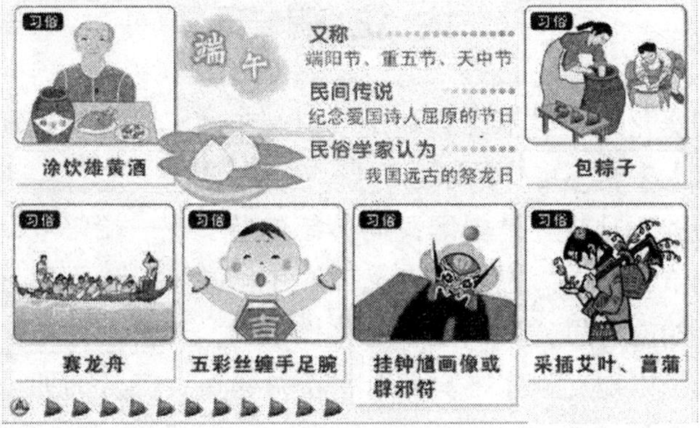

端午习俗

关于端午节的起源、传说和风俗习惯，民间有各种各样的流传，古书籍有各种各样的版本。“十里不同风，百里不同俗。”端午节的起源之争一直就没有停息过。目前国家非物质文化遗产名录，已经将屈原故里端午习俗（ 湖北省秭归县)、汨罗江畔端午习俗（湖南省汨罗市)、苏州端午习俗（江苏省苏州市)、西塞神舟会（湖北省黄石市）都列入了该保护名录。

端午节的别称之多，也间接说明了端午节习俗起源的歧出。关于端午节和赛龙舟的故事传说，时至今日，民间流传最广的，主要

百条赛龙舟

有四种传说：纪念屈原说、纪念伍子胥说、纪念孝女曹娥说、纪念越王勾践说。据民俗历史专家考证，主要有两种说法：吴越民族图腾祭说、恶月恶日驱避说等。其余还有许许多多民间地方流传的，不同民族、不同地区有各自的寓意故事……在此主要详细叙述与赛龙舟的起源有关联的传说故事。

起源传说

一、纪念屈原说

迄今为止，纪念屈原说是影响最广和社会普遍认可的观点。这种情况的出现，并非偶然。屈原深厚的爱国主义精神之所以具有其他忠臣孝女无法抗衡的力量，是因为屈原忧国忧民的襟怀，自身高洁、直言敢谏的品格，对反动势力和险恶形势不妥协、不退让的斗争精神，以及死亡的悲壮，体现其出污泥而不染的高尚情操。在我国数千年的历史中，是上自宫苑君王，下至乡野百姓，一致公认的崇高道德典范，是一座体现中国传统价值取向的丰碑。他主张实行法治、举贤授能、反对腐朽贵族势力的变革措施，至今仍具有深刻的现实意义。这种力量蕴藏于我们全民族集体意识的深处，融会于我们民族精神的心理素质、审美意识、伦理观念乃至民族精神的精髓之中。在民俗文化领域，百姓民众普遍认为：端午节的赛龙舟、

屈原

吃粽子……与屈原有紧密的联系……基于屈原深远的历史影响力，老百姓愿意把这一纪念日归功于他。所以赛龙舟的起源，最普遍的说法就是拯救或凭吊屈原。屈原，名平，约公元前 340 年出生于江汉流域的楚国，今湖北秭归县人。

端午节因屈原而注入了丰富的文化内涵。据《隋书·地理志》正史记载：“屈原以五月五日赴汨罗，土人追至洞庭，不见，湖大船小莫得济者，乃歌曰，何由得渡湖？因而鼓棹争归，竞会亭上，习以相传，为竞渡之戏，其迅楫齐驰，棹歌乱响，喧震水陆，观者如云。诸郡皆然，而南郡尤甚。”——当年渔民们争先恐后驾舟抢救屈原的情景，隋朝期间已经演变成了赛龙舟的风俗，而且“观者如云”，一代代流传至今，成为今日的赛龙舟。以上是在民间老百姓中间流传最广和影响最深远的传说。

《荆楚岁时记》端午条载：“按五月五日竞渡，俗为屈原投汨罗日，伤其死所，故命舟楫以拯之。”《荆楚岁时记》是南朝梁代宗懔撰写的一部记载荆楚岁时习俗的著作，也是保存到现在的我国最早的一部专门记载古代岁时节令的专著。

根据该书记载，战国时代楚秦争夺霸权，这个时期正是中国即将实现大一统的前夕，48 岁的屈原（官职三闾大夫）倡导举贤授能，富国强兵，力主联齐抗秦，遭到贵族子兰等人的强烈反对，因抨击时政，触怒了楚顷襄王，屈原遭谗去职，被再次流放江南，离开楚都郢城。经这次贬官放逐的打击，屈原万念俱灰，对天地间的万事万物，都充满了怀疑。他弄不明白，为什么忠臣会被国君抛弃，小人却得到赏识重用。在流放途中，他不停地问天问地问宇宙，心中充满矛盾与牢骚，并把种种问题和牢骚，诉诸笔端，这就是他给后人留下的《天问》和《离骚》。他想远离牢骚（司马迁《史记·屈原贾生列传》云："离骚者，犹离忧也"——屈原遭受忧愁，别离的忧愁幽思），到民间做一次远行。此后，他历时十余载，足迹遍及沅（水名，发源于贵州省，流经湖南省入洞庭湖）、湘（水名，发源于广西壮族自治区，流经湖南省入洞庭湖）各地。

屈原根据流放中所见所闻，结合其政治愿望和悲惨命运，写了《惜诵》、《涉江》、《哀郢》等——《九章》书中的大量优秀诗篇，都表达其忠君爱国之情。他探寻当地民间文化，并以自己的学识，学习和借鉴沅、湘之间的巫傩艺术形式，模仿、创作了《湘君》、《湘夫人》等——《九歌》书中的精彩篇章，为中国文学史增添了不朽著作。

《九歌》、《离骚》、《天问》

理想得不到实现，才能得不到赏识，屈原心情苦闷，郁郁寡欢，愁肠百结，到了沅水之滨时，他早已是颜色憔悴，形容枯槁，路人见他这副模样，都远远躲避，生怕给自己带来晦气。一天，江边一个渔人，问他为什么事想不开，弄成这种人不像人，鬼不似鬼的模样。屈原于是告诉他，自己之所以牢骚满腹，愁肠百结，就是因为这世界上人人都昏聩不明，唯独我清白，人人都沉醉不醒，唯独我清醒，所以我被放逐了。

渔人说，难道这就是使你憔悴如此的原因？难道你就没听说过，凡是圣人，都不会被外界事物所拘束，而能够顺应时世的转移变化？既然世上都浑浊了，你为什么不随波逐流？你奈何不了周遭的现实，还纠缠在其中，自取被放逐呀！

屈原还想说服渔夫，但是渔人已不愿再听，唱着渔歌，划着小船渐渐远去了，只留下屈原一人孤零零地站在江岸发怔。屈原自被放逐出来，已经很久没有人和他说话了，他也一直把自己禁锢在孤立崇高的思想境界中。今天渔人的话，更加坚定了自己的信念，绝不允许自己高尚的品德、洁白的灵魂蒙受世俗凡尘的污染。

不久，他溯沅水而上，在经历瓮子洞、清浪、九矶诸多险滩后，他从那些劈波斩浪、勇斗岩礁的船夫们身上，感受到了与艰苦环境抗争的生活乐趣。于是，他这一时期的诗风开始逐渐变化，笔端流露的不再是那些令人断肠的词语，而是一种飞扬着无限激情的诗句。沅陵的民风民俗，让他感受到另外一种精神境界，特别是沅陵一年一度的端阳赛龙舟的恢弘场面，深深感染了他，并使其从中吸取了一种震撼奋发、昂扬激越的勇气和力量；感受到了生命的辉煌与阳刚力量的完美。他在《湘君》中的诗句："驾飞龙兮北征，吾道兮洞庭。薜荔柏兮蕙绸，荪桡兮兰旌。"——驾着龙舟我们往北飞，在洞庭湖中好打来回。我已插上槟榔、拴上蕙，鲜花装上桡片，兰花插旗徽。这是他离开沅陵往北去时的心情表露。

遗憾的是，刚到岳阳，就传来楚国灭亡的消息，屈原悲痛欲绝，于五月五日，在写下绝笔作——《怀沙》之后，怀抱大石投汨罗江以身殉国、以死明志，以自己的生命谱写了一曲壮丽的爱国主义乐章。

楚国人非常悲痛，划舟救助不及。为了避免水中蛟龙鱼虾啮食屈原躯体，楚人纷纷划龙舟驱散江中之鱼，以竹筒子贮米（当时称"筒粽"）投入江中以祭之，还有人拿雄黄酒倒进江里，说是要药晕蛟龙水兽，以免伤害屈大夫尸体。雄黄酒果真灵验，据传水面立刻浮起一条蛟龙。于是，人们把这条蛟龙扯上岸，抽其筋，剥其皮，然后又把龙筋缠在孩子们的手腕和脖子上，再用雄黄酒抹七窍，认为这样便可以使孩童们免受虫蛇伤害，据说这就是端午节饮雄黄酒的来历。

最初，楚人凭吊屈原的祭品是竹筒子贮米的筒粽，还不是后来的粽子。《续记》载述了这样一段故事：汉光武帝建武年间，长沙人区曲梦见了屈原的化身，屈原对他说，人们过去送来的祭品多为蛟龙所窃，今年如果再送祭品，应用楝叶包裹，并缠以彩丝，因为蛟龙惧怕这两样东西。从此以后，五月五日楚人凭吊屈原的祭品，就由原来的筒粽改为以粽叶包米、以五色线（中国古代五色为吉祥色，像“龙子”的文身习俗的遗迹）捆扎而投入江水，这就是端午粽子——粽叶包裹、系五色丝线的来历。于是以讹传讹，相沿成俗，可见人们对忠义之士感情之笃了。随着时间的推移和历史的演进，纪念屈原的活动、赛龙舟和端午吃粽子的习俗逐渐发展到全国各地，成为国民性凭吊屈原的纪念活动。

屈原与端午

屈原笔下对沅陵的赛龙舟，有许多精彩的描写，说明屈原在世以前就已经有赛龙舟了。他对龙舟的赞美融合了自己的美好心愿：“美要渺兮宜修，沛吾乘兮桂舟。令沅湘兮无波，使江水兮安流。”——龙船之所以很美，就是它体形修长，又在汹涌的沅河上奋进，我真希望自己也能驾驶一艘用桂木做成的龙舟，和大家一起激流奋进，但是我更希望汹涌的沅湘之水能够少些波浪，安稳流淌。屈原当时内心的愿望是希望楚王多施惠政，以求社会稳定，百姓安居乐业。在《东君》一诗中，更是写出赛龙舟的恢弘气势与场面：“驾龙舟兮乘雷，载云旗兮委蛇。”——驾在那飞驰的龙舟上，就像坐在轰轰的雷声之中，船上的彩旗像云一样，又美又多，舞动开来，好似一条蜿蜒行进的巨龙。其

秭归屈原招魂仪式

优美诗词生动地刻画了沅陵赛龙舟的真实场景，如今沅陵的赛龙舟，还完整地保留着两千多年前屈原在世时的楚国遗风，可谓历史悠久，是一幅古老民俗画卷的动感体现。

后人为了纪念屈原，在汨罗城建造了屈子祠（屈原庙）、在巢县建造了竞渡庙、在湖南常德建造了屈原巷和招屈亭……最重要的是：每年五月初五都要在汨罗江举行赛龙舟，向江中抛粽子，在家门前挂菖蒲、艾叶……周而复始，形成了源远流长的端午节吃粽子、赛龙舟民俗。千百年来，中华民族视屈原为诗神，屈原也凭借他爱国爱民、矢志献身祖国的决心，成为了当今国际四大文化名人之一，受到世界和平理事会和全世界人民的隆重纪念。

二、纪念伍子胥说

赛龙舟的第二个传说，在江浙一带流传较广，东汉的《曹娥碑》和《吴越春秋》记载，伍子胥为春秋时期楚国人，因遭楚太子少傅费无忌陷害，父、兄为楚平王所杀害，被迫出逃楚国，发誓必倾覆楚国，以报杀亲之仇。伍子胥投奔吴国，助吴讨伐楚，五战五胜而终入楚都郢城——今湖北省江陵县纪南城。当时楚平王已死，伍子胥掘墓鞭尸三百，以报杀父兄之仇。吴王阖闾死后，其子夫差继承王位，吴军士气高昂，百战百胜，越国也大败，越王勾践请和，夫差许之。伍子胥建议，应彻底消灭越国，夫差不听。吴国的一个太宰伯嚭，因受越国贿赂，进谗言诬陷伍子胥，夫差相信了谗言，赐伍子胥宝剑自尽。伍子胥本为忠良，视死如归，在死前对邻舍人说：“我死后，将我眼睛挖出悬挂在吴京之东门上，以看越国军队入城灭吴。”说完，便自刎而死，夫差闻言大怒，将伍子胥的尸体装在皮袋里于五月五日投入大江。尸首被装入皮袋投进钱塘江后，随波逐流而不沉没，当地百姓认为这是伍子胥显灵，天帝怜悯他为尽忠而枉死，于是就封他为钱塘江的潮神，汹涌澎湃的钱塘江潮，便是伍子胥的英灵在做不平的怒吼。

老百姓为了纪念伍子胥就有了驾舟竞渡迎潮神的习俗，老百姓认为祈祷潮神可保地方平安，渔业丰收。以后每年五月初五，当钱塘江口江潮翻腾之时，人们就驾舟逐潮竞渡，希望能重见伍子胥显灵。《曹娥碑》载：“五月五日，时迎伍君，逆涛而上，为水所淹。斯东吴之俗，事在子胥。”每年农历五月初五，浙江上虞人民要迎涛而上，迎接伍君，而所谓的“伍君”便是伍子胥。

伍子胥在楚、吴、越三地是历史名人，而作为吴文化发祥地之一的苏州，对这位先贤更是景仰有加。至今仍然有很多与之相关的遗存，如古胥门、相王弄等。

三、纪念曹娥说

赛龙舟的第三个传说，是为纪念东汉孝女曹娥救父投江。曹娥（公元130—143年），上虞曹家堡村人。母早亡，娥父曹盱为一巫者（巫师），善于“抚节安歌，婆娑迎神”——祭祀时口中念念有词，手舞足蹈迎接神灵。

前文说到，汉代吴越地区每逢端午节有祭祀潮神伍子胥的习俗。汉安二年（公元143年）五月五日，舜江上举行迎潮神仪式，巫师曹盱不幸溺水而死，尸体亦被浪涛卷走。年仅14岁的曹娥痛失慈父，昼夜不停地哭喊着沿江寻找。到十七天时，她脱下外衣投入江中，对天祷祝说：若父尸尚在，让衣服下沉；如已不在，让衣服浮起。言毕，衣服旋即沉没，她即于此处投江寻父。三日后，已溺水身亡的曹娥竟背负父尸浮出了水面。曹娥此孝行感动乡里，迅速传扬开去，轰动朝野。

元嘉元年，即8年以后，上虞县令度尚上任，被曹娥事迹感动，为孝女曹娥造墓建庙（又叫灵孝庙、孝女庙），迁葬曹娥于江南道旁，并报奏朝廷表为孝女，度尚命弟子邯郸淳作诔辞颂扬，刻石立碑，撰写碑文，以彰孝烈，后传曹娥碑为晋王义所书。东汉兴平二年，中郎蔡邕访之，值暮夜，手摸其文而读，题八字于碑阴：“黄绢幼妇，外孙齑臼。”当年曹操与杨修骑马同行，路过曹娥碑时，见碑阴镌刻了“黄绢幼妇，外孙齑臼”八个字，曹操问杨修：“理解这八个字的意思吗？”杨修正要回答，曹操说：“你先别讲出来，容我想想。”直到走过三十里路以后，曹操说：“我已明白那八个字的含义了，你说说你的理解，看我们是否所见略同。”杨修说：“黄绢，色丝也，并而为绝；幼妇，少女也，并而为妙；外孙为女儿的儿子合而为好；齑臼是受的意思，为辞。这八个字意思表达的是‘绝妙好辞’四字，是对曹娥碑碑文的赞美。”曹操惊叹道：“尔之才思，敏吾三十里也。”

后人为纪念这位孝女，将她所居住的村镇改名为曹娥镇，曹娥殉父之舜江定名为曹娥江。民间相传，曹娥江水急潮猛，江水奔腾咆哮，一到曹娥庙前面，立即变得无声无息，仿佛愧对孝女，悄悄遁去，过了曹娥庙门口，才敢再发出响声，真叫人叹为奇迹。每逢曹娥救父这一日，曹娥庙里定要举行盛大的“曹娥娘娘”庙会，各省各府都来拜祭孝女曹娥娘娘，许多人题词送匾赞扬曹娥的孝行，更有各地龙船队到曹娥江上表演划龙船比赛。

曹娥庙

《曹娥碑》明确记载，划龙舟是吴地之俗，“事在子胥，不关屈平也”。而且从时间推算，赛龙舟比纪念屈原早了两百多年。

四、纪念越王勾践说

《事物原始·端阳》记载：“越地传云，竞渡之事起于越王勾践，今龙舟是也。”春秋末期，越王勾践在伐吴的夫椒山（江苏吴县西南）一役中，遭到吴国反击，兵锋大挫，勾践败而被俘，用范蠡之计向吴称臣乞和，在吴国过了三年忍辱含垢的生活，骗得了吴王夫差的信任，被放回越国。

他回国后，为了激励自己不忘报仇雪耻，每晚睡在柴垛上，在房门口挂一个苦胆，每天都要舔一舔，这就是“卧薪尝胆”典故的由来。为使国家富强，勾践采纳了范蠡、文种提出的“十年生聚，十年教训”之策，立志灭吴雪耻。勾践年年月月按时给吴国纳贡，又施美人计，选送天生丽质、才貌双全的美女——西施（中国古代四大美人之一）迷惑吴王夫差。西施忍辱负重，以身许国，成为吴王最宠爱的妃子，把吴王迷惑得众叛亲离，无心于国事，天天沉湎酒色。

当时吴国的疆界已经南扩至现在的杭州，所以杭州城南的城隍山叫吴山。吴国的都城在姑苏（现在的苏州），濒临太湖。越国原来以御儿（浙江嘉兴）视为与吴国交界，战败后国土退缩到钱塘江以南的会稽（浙江绍兴南）。江浙一带水网纵横交错，越国要渡过钱塘江雪耻复仇进攻吴国，就得有一支强大的水军。此时，越国要训练自己的水军，还不能让吴国觉察，不然敌人就会加以防备。因此，越王勾践就以赛龙舟为名，实行全民性参与的龙舟大赛，借以遮掩敌人的耳目，于五月初五成立水师，开始日夜操练，最终训练出来一支骁勇善战的水军。后来，越国乘吴王夫差北上争霸、国内空虚之机，发兵袭击吴国，最终一举灭吴，吴王夫差兵败自杀，于是整个吴国被越国兼并。后人为了昭彰勾践这种坚韧不拔的精神，便效仿越国水师演练时的情景，于五月五日这一天划船竞渡，以示纪念。

专家考证

一、图腾说

实际上，赛龙舟的起源，远较上述说法古老，其起始应与我国南方多水的地理环境有关。因为操舟捕鱼一类的生存活动，在原始人类的生活中占主导地位，而竞渡只不过是他们水上生活的演习而已。

在第一章“赛龙舟溯源”一节讲到，百越族是龙舟起源的先民之一。根据近代大量出土文物和考古研究证实：长江中下游广大地区，在原始社会新石器时代，有一种几何印纹陶为特征的文化遗存。印纹陶是现在学术界公认的百越民族遗留的产物，百越族是一个崇拜龙图腾的族属，文献上将其称为“百粤”。粤，越族，其分布甚广，内部各有种姓，杂处于现今中国南方各地。出土陶器上的纹饰和历史传说表明，百越民族有断发文身和喜食虫蛇蚌蛤腥味之物等习俗，认为剪了发，便于下水，文了身像蛟龙的形象，且模仿蛟龙习性可以避免水中动物的伤害，生活在水乡，自比是龙的子孙。其生产工具主要用石器，也有铲、凿等小件的青铜器，作为生活用品的坛坛罐罐中，烧煮食物的印纹陶鼎是百越族所特有的，是族群的标志之一。直到秦汉时代尚有百越人，端午节就是他们创立、并用于祭祖的节日。在数千年的历史发展中，大部分百越人已经融合到汉族中去了，其余部分则演变为南方部分少数民族，因此端午节随着百越民族的同化和融合，传承为全中华民族的节日。

闻一多先生在《端午节的历史教育》一文中作过详细而精辟的考证，认为：端午节是古代吴越民族——龙图腾团族举行图腾祭祀的节日。简言之，一个龙祭祀的节日。因为当时人们认知和文化水平相当低，浑身刺着花纹，满脸的狞恶相，在恶劣的自然环境下，常常疑心某种生物有着不可思议的超自然力量，因此他们就认定那些东西为他们全族的祖先兼保护神，即现今人们所说的图腾，古代的吴越民族就是以龙为图腾的。为表示他们“龙子”的身份，借以巩固本身的被保护权，故有断发文身的风俗。每逢五月江河涨水，人们不能解释这种自然现象，就以为是龙在操纵，而农作物的丰收与否主要取决于天气和水源，于是人们就把希望寄托在龙的身上，来祭奠龙，祈祷一年风调雨顺和行舟安全。

古越族有五个以龙为图腾的部落先后统一了，统一的部落决定，就以五月的第五个日子为祭祀日，以后每年五月五日这一天，他们要举行一次盛大的图腾祭，将各种食物装在竹筒中，或裹在树叶里，一面往水里扔，献给图腾神吃，一面自已吃。最后还在急鼓声中，划着那刻画成龙形的独木舟，在水面上竞渡游戏，给图腾神，也给自已以精神慰藉。

在中国历史上，整个广大的江南之地，即所谓交趾至会稽七八千里，秦汉以前都是百越族的居住地，他们所用的古越语，与中国北方所使用的上古汉语相差极大，彼此不能通话。根据语言学者的研究，在现代汉语所谓的七大方言中，北方方言（官北话）可以粗略看成是古汉语数千年来在中国北方发展出来的结果，而其余六大方言，却是由于历史上北方居民数度南迁与南方民族的语言相互影响而逐渐形成的。尤其是吴语、闽语和粤语，更与百越民族的古越语有相当密切的关系。现在居住在中国南方属壮侗语系和苗瑶语系的各个民族，不论是在语言上，或者是在文化习俗上，都与古代的百越族有一定程度的关联。

百越中最早出现的一支部落，是春秋时的吴越，吴越初以会稽为中心，至勾践建越国。在后来秦始皇统一的多民族国家中，百越在长期与其周围，特别是同汉民族的不断交往中，同我国其他古民族一样，各民族之间相互融合，不仅在政治、经济、文化、习俗上相互交流，而且在血统上、通婚上彼此融合。至东汉三国时，百越族已经逐渐被同化，进而消失，大部分混合于汉族之中，另一部分则发展为现今我国南方壮侗语系的一些少数民族，所以百越族的端午赛龙舟也逐渐根植于汉民族的百姓当中。

二、恶日驱避说

端午节源于对“恶日”的禁忌。端午最早因节令而形成节日，更多和气候变化联系在一起，其原始目的都是为了祭祀、辟邪。

原始人类习俗大都冠以“辟邪”的名义，所谓“邪”指的是瘟疫之气。端午时值农历五月，正是仲夏疫疠流行的季节，自古以来流传着“恶月”、“毒月”的说法。古人称五月为午月，五日为午日，故五月五日称为端午。时逢“重五”，五是阳数，重五也有“极阳”之意。中国传统文化尤其讲究阴阳和谐，对于这种阳气极盛的日子认为不吉利。五月时节恶疠病疫多泛滥，所以视为不祥多灾之月，五日更是犯忌的日子，于是形成“躲午（五）”习俗。这一时节，气候炎热潮湿，蝇虫滋生，毒气上升，疫病萌发，古人虽然没有现代医学知识，但是，生活的经验足以使他们认识到这是一个疾病高发期——瘟疮蔓延，灾祸病死多有发生，所以也是古人哀悼纪念的日子。于是古人采取一系列措施，来保护人类健康，举行辟邪、消灾、祭瘟神的仪式和各种祭祀、祭奠活动。《礼记·月令》载："仲夏，阴阳争，死生分，君子斋戒，止声色，节嗜欲。"

相传"恶日"这天是死亡之日，邪佞当道，五毒并出。《吕氏春秋》中《仲夏记》一章规定人们在五月要禁欲、斋戒。《夏小正》中记："此日蓄药，以蠲除毒气。"这一天家中要储藏草药，以消除疫病的毒气。《大戴礼》中记："五月五日蓄兰为沐浴。"沐浴的目的在于清洁，以浴驱邪。《史记·孟尝君列传》记：历史上有名的孟尝君，在五月五日出生。其父要其母不要生下他，认为："五月子者，长与户齐，将不利其父母。"《风俗通》佚文："俗说五月五日生子，男害父，女害母。"汉朝就有"五月到官，至免不迁"、"五月盖屋，令人头秃"的俗谚。《论衡》的作者王充也记述："讳举正月、五月子；以正月、五月子杀父与母，不得举也。"东晋大将王镇恶五月初五生，其祖父便给他取名为"镇恶"。宋徽宗赵佶五月初五生，道士认为不吉利，改称十月十日，从小寄养在宫外。可见，古代以五月初五为恶日，是普遍现象。从先秦以后，此日被视为不吉之日，在此日插菖蒲、艾叶以驱鬼，熏苍术、白芷和喝雄黄酒以避疫，就是顺理成章的事。人们为了避端五忌讳，称之为端午。

我们现在过端午节是欢天喜地，可是在古代恰恰相反，"节"都是很不吉利的事件。节就跟植物的节一样，是最坚硬的，是最难劈开的，也是最难通过的。所以"节"被认为是最邪恶的。古人把时间分成两个部分，一部分是平常时间，一部分是非常时间。非常时间就是最不吉利的时间，最难过的时间就是"节"，所以古人把通过这段最难过的时间叫"过节"。

尽管所有的"节"基本上都是凶恶的时间，但五月初五的时间正是在一年的中"节"——中间，也是自然气候的变化导致疾病最多的季节，所以被认为是最邪恶的时间，俗称"恶日"、"毒日"。每逢"恶日"、"毒日"古人就会有恐惧心理，于是产生"躲午"习俗，古人划龙舟纷纷躲避疫病，形成了禁忌习俗。所以，早期赛龙舟的表现形式，是辟除引发瘟疫的神秘邪气。

随着时间的推移，人类认知世界、改造世界的能力在逐步提高，六朝前期，端午节的民间习俗主要集中在避恶逐疫上。到了六朝后期，端午节习俗开始发生变化，端午节被视为“良节”、“嘉辰”的观念逐步普及，原始“过节”的初衷——辟邪消灾，演变成现在的祈福祝愿；原始过节的气氛——庄重肃穆，转变成如今的欢天喜地，祭祀迷信的色彩逐渐淡出人们的视线。这一古老的“躲午”禁忌已经随着人类社会的发展而彻底消失了，但吃粽子、赛龙舟等民间习俗仍然广为流传。

相关历史故事

一、招魂祭巫

我们知道，早在屈原之前，沅陵就有了龙舟。沅陵龙舟起源于五千年前，比纪念屈原的说法要早三千多年。相传，沅陵龙舟发源于远古，祭祀的对象是五溪各族共同的始祖盘瓠（盘古、槃瓠）。盘瓠曾落户沅陵半溪石穴，生六儿六女，儿女互相婚配，子孙繁衍成苗、瑶、侗、土、畲、黎六个少数民族。盘瓠死后，六族人为了祭祖，宴巫请神，为其招魂。因沅陵山多水密，巫师不知他魂落何处，就让各族儿女打造龙舟，逐溪逐河寻找呼喊，以致演变成后来的划船招魂的祭巫活动。

龙舟招魂仪式

二、纪念岩洪窝

傣族赛龙舟的由来。传说，古时候云南西双版纳有一个勐巴拉纳西国，这里的国王是一个残忍的暴君，非常骄横跋扈。他有七个女儿，其中六个已分别嫁给了邻国的王子。他想把长得最漂亮的七女儿许配给宰相的儿子，可是七女儿坚决不同意，她要求国王为她举行一次盛大的“赶摆”来选婚，到时候，七公主抛出的花环落在谁的头上，谁就是未来的女婿。国王无奈之下只好同意了她的要求。

事情也真凑巧，赶摆那天，七公主竟然把花环抛落在一个又穷又丑的小伙子头上，他的名字叫岩洪窝。国王很生气，决计陷害他，想出了许许多多的坏点子，但是，目的都没有达到。最后，狠心肠的国王想出了一条毒计，限定岩洪窝七天内造出龙船来同国王进行比赛。国王想乘比赛之机将他撞死。

聪明、勇敢的岩洪窝只身来到龙王那里请求帮助，龙王被他的英勇无畏精神所感动，答应变一只小船让他乘坐。比赛的时间到了，国王的大龙船箭一般地朝岩洪窝驶来，恨不得把他撞到海里去。龙王帮助了岩洪窝，澜沧江顿时狂风大作，巨浪排空，把国王的大船瞬间吞没了……岩洪窝胜利了，为民除了一害。人们为了感激和纪念英雄，就在一年一度的傣历新年泼水节期间，举行划龙舟竞赛。

三、纪念白洁夫人

云南大理白族传说竞渡是为了纪念白洁夫人。相传唐开元二十六年（公元 738 年），苍洱地区古部落六诏纷争，常年兵连战祸，民不聊生。蒙舍诏主皮逻阁为实现六诏（部落）统一的霸业，于是一举平定西南，使大片疆域归属大唐。

蒙舍诏主以祭祖之名邀五诏诏主聚饮，为此专门造了一座最易燃火的松明木楼房，宴请各诏主到松明楼聚会。皮逻阁的这一阴谋没有瞒过聪明的白洁夫人。她知道夫君此去凶多吉少，劝自己的丈夫邓赕不要去参加会议。当时皮逻阁的权势强大，邓赕诏主不敢违约，白洁夫人在无可奈何的情况下，洒泪送行丈夫，行前拿出铁镯一只，亲自戴在丈夫手上。

赴宴之中，皮逻阁派人点燃了松明楼，不出白洁夫人所料，各诏诏主都被大火烧死。当熊熊火焰腾空而起的时候，各诏派兵营救，但为时过晚，白洁夫人闻讯赶到后，只剩下一堆黑黑的焦骨。白洁夫人星夜点燃火把，在这堆焦骨中用双手挖寻丈夫尸骨，致使十指鲜血淋漓，最后才在一支套有铁手镯的焦骨上找到了自己丈夫的遗骨。

皮逻阁贪图邓赕诏主之妻白洁夫人美色，强迫白洁夫人嫁给自己，才貌双全的白洁夫人在邓赕诏主罹难后，起兵为夫报仇，因寡不敌众，身败被擒，坚贞不屈，纵身跳入洱海。白族人民闻讯，纷纷撑船打捞白洁夫人尸体，相传这一天正是农历七月二十三日（白族火把节）。以后每年的火把节这一天，白族人民有感于白洁夫人不畏强暴、跳海殉夫的节义，都纷纷驾龙舟，游洱海，以纪念白洁夫人，久而久之便演变成了今天的赛龙舟。

四、纪念马伏波

东汉建武十九年（公元44年），汉光武帝拜陕西扶风人虎贲中郎将马援为伏波将军，率军平息交趾（今越南）之乱。汉光武帝为了压制叛乱统一全国，命武威将军刘尚带兵征湘西，结果全军覆没。在朝廷无将可用之际，年逾六旬的伏波将军马援主动请战。马援曾有两句名言，一句叫做“大丈夫立志，穷当益坚，老当益壮”；另一句叫做“男儿要当死于边野，以马革裹尸还葬耳”。汉光武帝刘秀考虑到他年纪大了，颇感犹豫。马援则一再声言自己尚能披甲上马，并且当着刘秀的面，“据鞍顾眄，以示可用”，其执著精神终于使刘秀消除了疑虑，夸赞他说：“矍铄哉是翁也！”

威震西域的伏波将军马援，率领两万军队，两千艘车船，水陆并进，南攻交趾。举兵之时，正值农历五月初五，士兵面带难色，马援厉声说：“端午佳节，蛮酋必醉，进可成功，今日乃小端阳也，后将与诸将过大端阳。”当即进兵，果然对方因过端午喝得酩酊大醉，毫无防备，不几日就被马援击败。五月十五日这一天，马援杀猪宰羊，犒劳全军将士。

悉数铲除党羽叛军后，马援在当地四处立铜柱，为汉界之极，于铜柱上刻：“铜柱折，交趾灭。”并在沿海地带安驻11个防所，马援在当地的声望达到顶峰，震慑了那些试图分裂国家做草头王的蛮夷头领，他对交趾人民的安抚怀柔，为当地人民所怀念，一直到现在，两广和越南地区都建有伏波庙。人们为纪念部队“下南”胜利，每逢五月初五，都举行赛龙舟、唱歌、游泳、放风筝、跑马、射箭等竞赛活动，久而久之便形成了独具地方特色的文化现象，俗称“下南节”。

自此之后，湘西溆浦便把农历五月初五定为小端阳节，五月十五定为大端阳节，一直沿袭至今，已有近2000年的历史了。《溆浦县志》记载有这样一段话：“端午做角黍、饮蒲酒、簪艾叶、插朱符，为竞渡之戏，而俗以初五为小端午，望日为大端午。”大端午这一天，溆浦人做粽子、饮蒲酒、划龙舟，河两岸人山人海，观者如云，十分热闹。

五、纪念介子推

春秋时，晋公子重耳和介子推一起逃亡国外，晋公子经过卫国时饥饿乏食，他的随从介子推把自己大腿上的肉割下来给文公吃。文公回国当了国君以后，论功行赏时，只有介子推一个人没有得到禄位。子推于是作《龙蛇之歌》，并隐居起来。晋文公访求子推，子推不愿出来，于是文公在子推隐居的山上前后左右放火烧树，希望逼使子推出山，结果子推抱住枯柳，被火烧死。

文公哀悼他，下令全国把介子推被焚的三月五日定为火禁日，禁止烟火，仅食寒食，从此形成了中国古代一个著名的节日“寒食节”。民间百姓修建了许多祠堂庙宇，以慰藉介子推的在天之灵。《西吴俚语》载：“清明居民各棹彩舟于溪上为竞渡，始于寒食，至清明日而止，谓之水嬉……”介子推之死应在三月。但到了东汉，经蔡邕的附会，竟移至五月五日，遂与赛龙舟发生联系，于是就有了龙舟祭祀介子推之说。传说介子推五月五日作《龙蛇之歌》以感重耳，所以唐代又称端午节为“龙歌节”。看来，端午节赛龙舟之所以与介子推扯上联系，一是因为自东汉以后，人们将介子推的死期移至了五月五日，二是因为人们为介子推附加上了五月五日作《龙蛇之歌》以感重耳的事迹。

六、白蛇传传说

民间传说白蛇白素贞，为了报答许仙的恩惠，与许仙结为夫妻，在端午节这天白蛇喝了雄黄酒，现出蛇形，结果许仙被吓死。白娘子为了救夫，冒险由昆仑山盗得灵芝仙草，救活了许仙。金山寺的法海和尚，一心要收服白娘子。使用计谋掳走许仙，将其禁在金山寺，引诱白娘子连同青蛇来索夫。白娘子索夫不成，一怒之下引来钱塘江大水，导致钱塘县水漫金山，造成死伤无数。由此犯下天条大罪，法海乘机找到理由，最终将白娘子收于其钵中，镇于西湖边雷峰塔下。

白娘子饮雄黄酒现出蛇身的原形，故而，民间便认为蛇、蝎、蜈蚣等毒虫可由雄黄酒破解，所以竞渡前的桡手们，也总是喝雄黄酒，以驱邪解毒，保行船平安。

七、纪念刘璟

农历五月初五端午节，而文成县刘基故里南田的老百姓，却在五月初四就过起了端午节，令人感到奇怪。原来其中有一段刘伯温次子刘璟，“靖难忠节”泪别乡亲的悲壮故事。

洪武三十年（公元1397年），明太祖朱元璋驾崩，太孙建文帝朱允炆即位。越四年，靖难兵起，燕王朱棣以清君侧为名挥兵南下，直逼南京，谋夺帝位。刘璟识破燕王阴谋，速赴京都，上朝陈达时务，献十六策。仁弱的建文帝不但不采纳，还相信四叔燕王是为清除奸臣，不是夺帝位。后刘璟又上《闻见录》万言书，献应变用兵之策，昏庸的建文帝仍不听忠言，反命刘璟回归南田故里待用。建文四年（公元1403年），燕王朱棣攻陷南京，篡位入承大统，史称明成祖。朱棣慕刘璟的名望和经纬才能，召入京强以官。刘璟以他篡位而不齿，称病不去。朱棣遂令锦衣卫逮他进京，时值端午节前夕五月初四，在南田华盖山东麓，天耳山之西的岭上，刘璟挥泪与家人乡亲辞别。相传其沈氏夫人为全大节，当即碰石而亡。至京后，成祖帝仍强授以官职，刘璟不改初衷，不畏淫威，对朱棣不称“万岁”，仍称“殿下”，并怒斥朱棣：“殿下百世后，终逃不得一个‘篡’字。”遂被打入天牢。刘璟为全人臣事主，死而不二的气节，竟辫发自尽，年仅52岁。刘璟以刚强不阿，以身殉国的壮烈忠节，赢得后世人的景仰和讴歌。

南田山的父老乡亲追思怀念刘璟，为了昭彰他的刚烈忠节，把辞别的那条山岭称为辞岭，并在岭上建造了一座亭子，取名辞岭亭。把当年刘璟辞别的日子，每年五月初四当端午节过，以作永世缅怀之意，这风俗代代沿袭至今，为别地所罕见。此俗流传开来，与南田山毗邻的青田、景宁等一些地方也在五月初四过端午节。

八、岁暮捉鬼的钟馗

钟馗，是中国民间传说中的赐福镇宅圣君，为抓鬼大帝，所以钟馗画像也有辟鬼的神力。

钟馗（杨柳青年画）

据说唐明皇开元，自骊山讲武回宫，疟疾大发，梦到一个大鬼和一个小鬼，小鬼穿大红无裆裤，偷杨贵妃之香囊和明皇的玉笛，绕殿而跑。大鬼则穿蓝袍戴帽，捉住小鬼，挖掉其眼睛，一口吞下。唐明皇问大鬼：“你是什么人?”大鬼说：“我叫钟馗，是终南山的进士，因为面貌丑陋，应考时没被录取，我就自杀了。现在我誓为陛下除去天下妖魔。”明皇醒后，疟疾痊愈，于是就叫画家吴道子照他梦中所见，绘出钟馗像来，悬挂皇宫内外以求驱邪保平安。自此钟馗名声大噪，成为名扬天下的捉鬼大神。

后乾隆二十二年（公元1757年），因瘟疫死了好多人，在无可奈何的情况下，只好将钟馗请出来斩五毒，施威捉鬼驱邪。此后逐年相沿成俗，于端午节拜请钟馗，镇宅佑安。

从唐明皇时代至宋朝，钟馗已经是声名显赫的捉鬼大神。时至今日，普通百姓人人熟知“钟馗捉鬼”的故事。贴于门户是镇鬼克邪的门神，悬在中堂是禳灾驱魅的灵符，出现于傩仪中是统鬼斩妖的猛将。终南山下，还有钟馗文化端午节的习俗。

九、纪念秋瑾

端午定为诗人节，是在60多年前的抗战年代。当时，每年举行隆重的诗人节庆典。1940年6月10日的端午节，中华全国文艺界抗敌协会，在重庆举行了纪念屈原和秋瑾的诗歌朗诵会，会上有人提议以每年的端午定为中国的诗人节——这就是诗人节的来历。

秋瑾，字璿卿（璇卿），号竞雄，别署鉴湖女侠，浙江山阴（今绍兴）人，近代民主革命烈士。幼年擅长诗、词、歌、赋，且喜骑马击剑，有花木兰、秦良玉在世之称。28岁时参加革命，影响极大，预谋起义，开会时为清兵所捕，不屈，于1907年7月15日在绍兴轩亭口英勇就义。后人敬仰其诗词，复哀其忠勇事迹，乃与诗人节合并举行纪念，而诗人节亦因纪念爱国诗人屈原而定为端午节。江浙地区划龙舟，兼有纪念当地出生的近代女民主革命家秋瑾的意义，成为端午节的新内容。

十、纪念保儿

贵州清水江畔的苗族相传，在遥远的过去，江河边住着一个名叫保的苗家渔民，他有一独子名叫九保。一天，他带着独子下河打鱼，突然阴霾遮天，狂风大作，江河巨浪滔天，从深潭中跃出一条恶龙把九保拖进龙洞，保悲痛万分，于是潜水入洞寻找。见龙已把他儿子杀死，并把尸体当做枕头枕着酣然入睡了。保愤怒已极，决心为子报仇。他上岸拿了火镰、火草再次潜入龙洞，趁恶龙酣睡时放火将龙烧死。龙洞的烟雾弥漫整个地区，此时，大雨滂沱，一连九天九夜天昏地暗，大家很是发愁。当时有一个妇女带着孩子摸黑到江边濯衣。天真的孩子将他妈妈的捶衣棒在水里划上划下地嬉戏，嘴里念叨着："咚咚多！咚咚多！"谁知他这一喊，天上顿时云消雾散。东方万道霞光，一轮鲜红的太阳高高地升起来了，大家高兴得欢呼雀跃。随后，人们看到被烧死的恶龙漂浮在水面上，便纷纷赶到江边分龙肉。龙头先分给不畏龙威、杀死恶龙的保，施洞村去晚一步，分到了龙尾。当人们把龙肉分完之后，那恶龙便托梦对大家说："我杀了老人的独子，也赔了自己性命。但愿你们老少行好，用杉树仿照我身躯，在清水江、小江河一带划上几天，就像我活着时一样在江河嬉游，我就能兴云作雨，保你们五谷丰登。"这个梦传开后，人们议论纷纷，都说龙被降服了，仿它制作龙船来划，能得雨水，保庄稼丰收，二者得兼有何不可？

起初，人们做几只船试划，果然遇有大雨，于是各寨都做起龙船来了。人们商定在农历五月初五、初六划船，这时正值农事繁忙季节，妨碍生产，于是各寨又互相协商，除胜平、平挑按五月初五划船外，平寨改为农历五月二十四日，塘龙二十五日，榕山十六日，施洞定为"分龙"的二十六日。杨家寨只分得龙肠子，因此，杨家寨的龙舟均涂以深绿色，算是青龙。后来，龙舟节活动便按这样的次序传世于今。

十一、纪念采集百花降病魔的藏族姑娘莲花

据甘南藏族自治州舟曲县博峪人的传说，在很早以前，博峪有个叫莲花的聪明美丽的姑娘，这个姑娘常常上山采百花给乡亲们降病魔，有一年五月初五她上山采花，不幸遇上狂风暴雨，坠死于石岩下。从此，当地人把五月初五这天定为纪念莲花姑娘的日子。每年这一天博峪的姑娘和小伙子们穿上节日的盛装，举寨上山集合，在山上举行隆重的祭祀活动，晚上点起篝火，载歌载舞，尽情狂欢，第二天就背上采集好的鲜花下山，回寨时，全村寨还要举行隆重的迎接活动，在山下敬酒，唱歌跳舞，采花姑娘们还要像莲花姑娘一样，给乡亲们献上采来的百花，降除病魔，祝福平安。

第三章

龙舟文化与民俗

龙舟文化渊源

端午节这天，人们主要的活动就是看龙舟。吃完早饭，便身着节日盛装，扶老携幼从四面八方往河堤、江岸汇集，倾城出动，争看竞渡。比赛沿江的两岸，人山人海，锣鼓喧天，鞭炮齐鸣，热闹非凡。江上是龙舟飞渡，河堤岸边是数万名百姓观战，场面之壮观，气氛之热烈，令人叹为观止。

划龙舟分游江、招魂、竞渡、回舟四个程序，有一整套的锣鼓和唱腔，其中竞渡虽然热烈，但招魂最为感人。在屈原故里，乡亲们非常看重赛龙舟，而且对夺标最为重视，素有“宁愿荒废一年田，不愿输掉一年船”之说，夺标归来的龙队，不仅能使村名大振，而且传说还会带来一年的丰收和幸福。

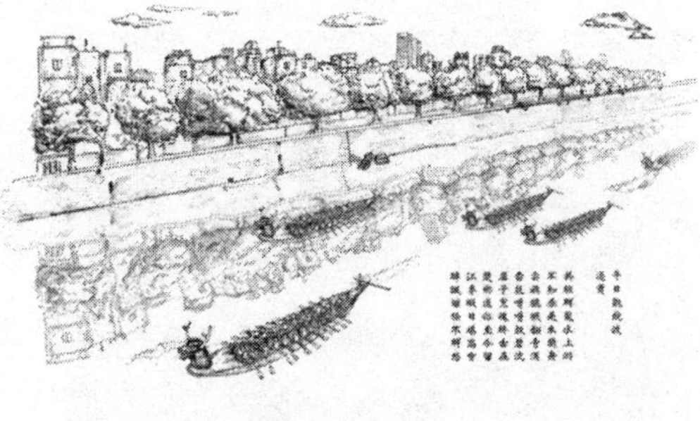

旧时赛龙舟

一、游江

游江又称“趁景”，是划龙舟的另一种表现形式。趁景即是各地有龙舟的乡村，按当地自然地域、潮汐起落而约定俗成，在某固定日进行相互探访的活动场景。龙舟聚集的地方，谓之为“景”，各村在指定水域邀集附近村镇龙船前来“应景”。龙舟从四面八方汇聚到一起，相互熟悉和联络感情，礼节性地招呼和拜访。趁景也是竞渡前的准备和礼仪，它只展示龙舟，相互交流，不排名次，是一种巡游互访的行动，一般轮流在各乡镇举行，每天一景。游江一般是在每年农历五月初一至五月二十，大凡选择龙舟景日，主要考虑的是景场潮汐活动，适合龙舟聚集和竞渡。景日当天的龙舟活动，黄金时间是中午12时至下午3时左右，以潮峰及至江潮初退之时为最佳，此时景场河面宽，水流缓，利于龙舟巡游、竞渡。那些潮汐活动不强或根本没有潮汐活动的水域地区，选定龙舟景日，均挑“好日”或良辰吉日。数百年来，许多地区龙舟活动日均称为“龙舟景”，只是近20年来，龙舟活动逐渐改称为“龙舟节”、“赛龙舟”。

游江趁景

现代游江

旧时趁景，无论是比赛船还是游船，有时各式龙舟多达百艘在江面巡游，像过盛大节日似的热闹，让岸上的老百姓大饱眼福。各龙船都装饰得五颜六色，争奇斗艳，场面非常壮观，热闹非凡。游龙舟一是让龙舟串门联络感情，二为寓意有个好兆头，三为端午节的竞渡热身。

广东佛山游龙舟比较有代表性，各村都会将本村供奉的神像置于龙舟之首，以罗伞盖之，还把村中长老及有身份之人请上龙舟。各村龙舟在“八音鼓乐”的伴奏中，于河中缓缓漂游，以供游客欣赏。据一些德高望重的老人讲，游龙舟表演源自中华民族对龙的崇拜，人们都认为龙应该是美丽的、可爱的，而不能是丑陋的，所以纷纷给龙船扮靓。

在南海九江、盐步、黄岐等地都有游龙舟表演。参与表演的龙舟很多，每条舟都跃跃欲试，争先恐后为游江添彩。有些龙舟在“游动”的时候，龙船头的舵手会一边挥动红色的小鞭一边摇动身体，指挥桡手划水；龙尾的舵手也放下手中的桨，站立在船尾，随着水的流动上下跳动。这样，龙舟前行时，不是平稳的，而是一跃一跃地往前，如同龙的舞蹈，一艘艘龙船仿佛在水面上起舞，煞是好看。

许多地区还在游龙舟中加入了一些新的元素，渐渐将这种表演活动演变成一项选美活动。参赛龙舟像参加选美的美女走入赛场一样，盛装打扮，在两岸万众的欢呼声中，在漫天飞舞的彩纸屑中缓缓在长达几公里的河道中来回逡巡，其中不但保留了传统龙舟巡游的龙头龙尾、头牌、罗伞、帅旗，还在传统元素上添加许多新创意，如电子眼、火喷嘴。据了解，龙舟竞艳主要是看龙舟的“装扮”，既要漂亮也要主题鲜明，既要有传统特色又要有新意，还要体现出龙舟划手们的协调性和精神风貌。

二、招魂

招魂是后人表达对屈原的怀念，也是一种祭祀仪式。在屈原生前，他以自己鲜活的生命以及对生命的热爱，谱写了《招魂》那首著名的诗篇。

游江招魂仪式

在古代，普遍流传关于灵魂的传说，人们认为生命是由灵魂和肉体组合而成，当一个人死了是他的肉身死亡，他的灵魂却是不死的。客死在他乡的肉体，魂魄应该回归故里，否则就是孤魂野鬼，享受不到亲人的奉祀和朝拜，承受着无穷无尽的凄苦，永远轮回于异地，没有投胎转生的希望。家人要给客死他乡的亲人举行招魂仪式，使亡灵能够听到家乡亲人呼喊的声音，才能魂归故里。

招魂是一种古老的迷信，现今演变为一种风俗，是颇具人情味的风俗。人们都说：划龙舟，最热烈的是竞渡，最感人的是招魂。招魂仪式上，人们咏屈原诗作，唱《招魂曲》——“我哥回哟，我哥回哟！……归来兮！……”向屈原像烧香叩拜，诵《公祭祝文》，或默哀、或叩首、或鞠躬，以祭吊纪念屈原。

三、竞渡祭仪

竞渡是划龙舟的核心内容，在整个赛龙舟的活动当中，各地举行一系列的祭祀仪式，这些祭祀仪式代代传承，沿袭至今，所以内容大致相同，又略存差异，基本包括：造龙舟，起龙舟，朝庙，拜龙（祭龙），采青，请龙，接龙，竞渡等祭祀仪式。

人们郑重其事，其目的是求图腾、求神保佑祛病健康、划船平安，进而保佑风调雨顺、出行平安、人寿年丰，消灾免难。现在的祭祀仪式，已经弱化了以往的迷信色彩，主要表达人们的思想情感和美好愿望，感觉心理上会踏实一点，舒坦一点，通俗地讲，就是图个吉利。

造龙舟。沅陵人打造龙舟，要选一位手艺高，技术好，又造过龙舟的老木匠掌墨，并负责设计、施工的全过程，此人俗称“掌墨师”。龙船打造好之后，都要举行下水仪式，称这种仪式叫“关头”礼。关头时，全船划手执桡片按顺序站立在龙船的两旁，像等待出征的将士。旗手、锣鼓手骑在船缆之上，掌墨师跪在船头，面朝江水，神情严肃，念念有词，一手拿雄鸡，一手提利斧，在众人一声吆喝下，一斧将鸡头剁下，随即将猪头、鱼、粽子抛入江中。此刻，鞭炮齐鸣，硝烟弥漫，八位男童赤裸上身摇动火把，围着龙船奔跑，当地人称之为“炮火”，目的是驱赶邪恶，迎来光明。而后，划手们齐声呐喊，将船、旗手、锣鼓手一同举起，冲向江水。龙船在燃烧般的气氛中飞一样地划向江心，这便是沅陵龙船的“关头”祭仪。

广西造龙舟

广州各地起龙

起龙舟。在广州地区，龙舟是埋在河流水下淤泥中，河底的龙床叫水床，一般在四月初左右，由村中青壮男丁将龙船扛出，俗语：“四月八，龙船到处挖。”由于龙舟身是用密度较大的坤甸木做成的，而坤甸木最怕太阳暴晒，只有在水里长期避光保存才能越发坚硬结

荔湾区泮塘村起龙

广州泮塘起龙

实。所以，每次竞渡结束后，村民们就会用润湿的泥巴包裹龙舟，将之深藏涌底，这样保存的龙舟即使经历数十年仍不会腐朽，每逢竞渡日，各个村落大小百多处龙舟纷纷出水。

广东佛山地区的村民们每年都要举行传统的起龙舟仪式，“起龙”是个大喜日子，老辈人说，早年间在四月初八的浴佛节，将去年端午节后沉入涌底的龙船起出，俗谚：“四月八，龙船随海滑。”现在改为五月初一才起出龙船，俗语顺口溜：“初一龙船起，初二龙船忍，初三初四游各地，初五龙船比，初七初八黄竹岐，初九初十龙船打崩鼻。”

起龙这天还要选个好时辰，村里的长者在涌边点香火，烧金银，响爆竹，朝河涌的方向祭拜“河神”，以祈求风调雨顺。祭拜仪式后，几名壮汉跳入河涌内，挖出去年埋进河底的龙舟，一艘深埋在河床淤泥中的龙舟终于被“请”出河面。埋了一年的龙舟露出水面后，清洗干净，用几条小船把龙舟托起叫“晾水”，俗称“确水”，重新绑好龙筋，锤紧龙钉，然后用砂纸打磨，刷上桐油，抹上生猪油。不过近年来已经改用上光漆，省事且效果好。

苗族龙船棚

巨龙船抬下水

清水江边的苗族，龙舟专门放在河边岸上建有盖瓦的龙舟棚内，或是放在龙船屋、保管室或神庙内。把龙舟用横木架空托起，俗称“旱床”。只有在竞渡之前才抬下河去，祭拜仪式后，安装上龙头、龙尾、锣、鼓及一切装饰，一显“龙”姿。

朝庙

朝庙。在汨罗江龙舟祭中，举行的是一种“朝庙”仪式。朝庙，又叫“祭龙头”，是在龙舟赛前举行的一个祭拜龙神的传统仪式。仪式一般于农历的四月初八至五月初二的某天，在屈子祠的神庙里烧香磕头。桡手排成两排，扛着龙头从江边沿台阶拾级而上，龙头共有八个，有两只大龙头、六只小龙头，走在最前面的是两个扛着大龙头的桡手，大龙头不是竞渡用舟的龙头，是专门为祭祀而用的。紧接着六个桡手分成三排，每人扛着一只小龙头跟在后面。

主持仪式的是屈子祠的祭笙，是祠里的道士。穿着道服，分列在屈子两旁。仪式开始后，桡手把龙头依次排列在龙神两旁。在祭笙的诵经中，由当地有名望的主祭人祭拜龙神，随后桡手上前依次点香祭拜。

据当地祭笙介绍，这个朝庙仪式在汨罗已经有了上千年的历史。

祭龙头

人们认为只有祭拜过龙神的人，龙神才会保佑他平安，在龙舟比赛中夺得锦标。祭笙说，祭龙头是过端午节的一个重要传统，这里的人们都非常重视这个仪式，每年端午期间都要举行，人们认为经过祭拜后，划手才会获得龙神的力量，保佑他在比赛中战胜对手。

解放前江西高安县云阳镇的龙舟都是放在神庙里，龙舟下水时，庙里要设坛做祭，须请道士念经、“号船”，共号72条船（吟唱72首歌谣，如“少年船”、“彩莲船”、“汨罗船”等），号船完毕，道士将一只公鸡的头掐断，插在龙头旁边，表示祭祀龙王菩萨。划龙舟的人去神庙烧香、烧纸钱、作揖拜神、拜龙头，求龙王菩萨保佑风调雨顺、划船平安。

拜龙（祭龙）。拜龙的目的主要是：祈求神灵保佑出行平安、风调雨顺、五谷丰登，消灾免难。有在神庙拜龙的，也有直接祭拜龙舟的，各地拜龙仪式大同小异，内容包括烧香烛、烧纸钱，杀猪宰鸡、供祭品，敲锣打鼓、放鞭炮，念经等。

株洲市一带是在当地的龙王庙中举行祭龙神的，将龙头取出陈于神龛前，焚香秉烛跪拜祷告，祈求庙神保佑龙舟平安，龙神“显圣”旗开得胜，然后燃放鞭炮敲锣打鼓，寓意将睡龙唤醒，迎龙头出庙。

祭祀龙神

南岳山下的衡山县，每年龙舟下水的时候，船员都要坐在河边龙舟上高唱龙王赞歌，常常要半个时辰方结束，俗称“祭龙神”。

双峰县一带，每年农历四月八日龙舟下水，下水前要举行祭龙神仪式，必宰猪、杀鸡，设香烛祭拜，意义主要在保平安。

祭龙仪式

采青。采青是采摘青绿的自然植物挂在龙头龙尾。人们通常采摘一些龙眼叶（寓意吉利），或者柚子叶（寓意辟邪，也代表着沉睡了一年的龙，已经苏醒过来），插在龙船上，龙头的采青仪式结束后，巨龙才会真正苏醒，之后，这条龙船就会生龙活虎地下水比赛了。

龙舟采青

广州地区“起龙”修整一新后，一般会挑选良辰吉日，将龙头、龙尾安装在船头船尾，还要在龙口、龙尾塞上一把整株青绿的水稻、禾苗，寓意生机勃勃，五谷丰登，俗称“采青”。龙船去采青的时候，只能打暗鼓，即打鼓槌，敲鼓边，等采青上船后，才能打明鼓，即打鼓心放鞭炮。

湘阴县临泚口，龙舟每年下水前，桡手首先要划到对岸南阳围的草滩上扯一把青草或树叶塞于龙口中，然后才去洞庭庙祭洞庭龙王，取“龙行一步百草皆青”之义，当地人俗称“抢青”。忠州赛龙舟胜负的依据是看谁先到达彼岸，再上岸去竹林丛中砍回一根青绿的竹子，也谓之“抢青”。

广东省江门市礼乐人忌“下水”二字，意为不吉利，故不说

菩萨请上龙船

龙舟点睛

“龙舟下水”，而称“龙舟升水”。龙舟临升水前，还要拜祭一番，桡手分别上前祭酒，然后放炮仗。随着一声号令，龙舟被抬起，托入河里，众人纷纷上船，整装待发。艄公把事先放在岸边的一棵禾苗取下，放在龙口中，这一时间，全船停鼓闭口，鸦雀无声，这个程序叫“采青”。采到禾苗后，顿时喊声、鼓声大作……龙舟升水。

请龙。浙江余杭县蒋村一带请龙不到神庙，却是在“牵头”的人家里。所谓请龙，就是把龙头放在一张大木桌中央，四周插上香蜡，放上猪头、鸡、鱼、豆腐干等食物，然后敲锣、打鼓、放鞭炮，桌前放有蒲团，划龙舟的人和村庄的人都去磕头拜龙头，求龙王菩萨保佑灾难不来，事事如意，年年平安。

广东东莞市，竞渡那天，各乡都有请菩萨看龙船的活动，礼节很是隆重。由乡中的诸老们联合到庙里向菩萨拜请后，请少壮子弟把菩萨捧到船上去。

在屈子祠内，不但祭龙，还认为龙舟的龙头、龙尾代表了龙王菩萨，须把龙王菩萨请到龙舟上，给龙头“上红”（披红带），主祭人宣读祭文，并为龙头“开光”（点睛）。祭龙的全体人员三鞠躬，并抬龙头、龙尾奔向龙舟赛场。

在江门市，龙舟宴吃罢，当即选出两名桡手，分别扛着龙头、龙尾，在锣鼓声中巡行到河边，举行拜祭仪式，祈求风调雨顺，国泰民安。然后把龙头、龙尾装上龙舟，是谓“旺龙”。

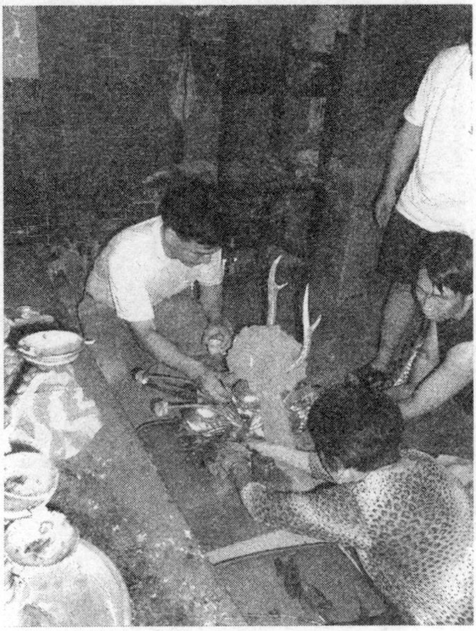

点睛和采青

接龙。在汨罗江，龙舟装上龙头龙尾，在下水前的头天晚上，船里船外遍置油灯，一片通亮，放置于江边。龙头与江边的河滩上置一供桌，插三根香，供祭物。据老辈人讲，在60年代以前，为首的还要跪在龙头前叩头问卦，询问诸如宜与何方龙舟对阵，出师利否？一直祭祀到天明[①]。

沅陵人竞渡天明时便要赞龙头——下水前的仪式。船头必须朝上游方向，桡子都整齐地摆放舱中，龙头亦搁在桌上。首先由掌墨师傅向龙头磕头，念赞龙头咒语，后又行与“关头”礼相似的斩雄鸡、淋鸡血，绕龙舟一圈。稍后所有的桡手按下水后的坐序站在自己的舱边，一手抓住船舷，一善游泳者肩扛龙头突然跑步冲向江水中，朝上游划水而去，接着所有的船员在一声呼哨下将龙舟拖入江中，然后纷纷爬上龙舟，尾随龙头划十余米，然后将龙头安放在船头，礼毕[②]。

竞渡。整个划龙船的高潮部分就是赛龙舟，场面壮观，震撼人心。河涌两岸彩旗飞扬，人潮涌动，锣鼓喧天，声震千里，整个赛道江边都挤满观看的人。

在赛龙舟前，岸边会有一些庆典和表演助兴，然后燃放炮仗礼花，江面上迷漫起鞭炮燃放后的烟雾，一些不参赛的游舟、赏舟，

---

① 湖南汨罗市市志办公室．楚塘乡志．

② 张伦笃．湖南龙年话龙舟．

祭龙头完毕安装龙头

接龙

也从四面八方赶来捧场，比赛前的气氛紧张而热烈。

尤为重要的是，各地龙舟在下水前，还要给龙舟点睛。这其中有历史典故：南北朝时期，画家张僧繇画龙非常传神，一天他在金陵的安乐寺墙壁上画了四条龙，不肯点上龙的眼睛。众人疑惑，他说："点睛后，龙就会飞走。"旁人以为是无稽之谈，结果他点了其中一条龙的眼睛，那条龙果然腾云驾雾，瞬间飞去，其他三条龙则仍然留在壁上。所以后人不到正式比赛前，不肯点上龙眼睛，一般是邀请地方达官显贵、重要人物担任龙舟的点睛工作，类似剪彩，逐渐成为习惯。

一声号角，比赛开始，"龙船似箭发，雪浪摇当空"，场面变得激烈振奋。龙舟上的鼓手，奋力地击鼓，在清脆鼓声的带动下，几十个划手边划桨边喊口号，整齐划一的动作……划手们清一色壮硕的青年男子，露出强健的臂膀。一艘艘龙舟像离弦的箭，贴着水面，争先恐后飞向"锦标"。

桨飞水溅，光驰电掣，两岸锣鼓齐鸣，礼炮震天，观众呐喊助威，声彻旷野，人们完全沉浸在欢乐的湖海里。现场的动感画面，不仅展示出生命的阳刚之美，同时也表达了勇猛顽强、拼搏进取的精神，所有的观众都会被这种精神所震撼。

竞渡

场面壮观

四、回舟

回舟流行于全国大部分竞渡地区。每年龙舟赛事结束，一般都将龙头祭祀一番，恭而敬之地供奉三天或更长时间，然后放到上年放龙头的地方，即庙中或当地负责人家中楼上干净的房子里，旧时多供于祠堂内室。

四川泸州一带每年竞渡完毕龙舟上岸以后，要彻底清洗晒干，反复涂抹桐油，使龙舟光亮如新，如有损坏，在上油前先行修补。

龙舟陈放，各地不同。两广江浙一带多埋于水下泥沙中，其他地区则有陈于屋、洞、亭、棚之内的。湖南湘西一带多陈放于河边崖下溶洞之中，此洞俗称龙船洞，龙舟依次放完则要封住洞口，待来年竞渡再打开；湖南涟源一带，则搁置于过河的桥亭之上，俗称

新沙角村藏龙船的地方

龙舟亭；贵州清水江的龙舟，造有专门的房子，形似长廊，俗称龙船棚；而湖南、湖北、四川、江西、陕西、台湾等地则多放于屋内，大部分设有专门的陈放屋宇，常是村委会、学校、村小组的保管室或某大户的堂屋之中、晒楼之上。

浙江温州各乡龙船归去叫“收香”，斗龙结束摆祭归位叫“散河”或“洗巷”，并把龙船翻转，抬到庙中保存，还要祭香官神，相传这香官神是喜欢玩弄人的小儿神，所以俗语说青年人不安分，比喻香官。来年再把龙船翻正，设祭迎接，叫“摆香案”，如今这些习俗都简化了。

斗龙之后，无论胜负，江门各乡（村）均设宴慰劳健儿，举行拜祭仪式。然后，大家同心协力把龙船抬到藏龙点埋藏起来，叫做“入窦”。至此，斗龙抢标才告一段落。

赛龙舟传风俗

北人赛马，南人竞渡，这既为南北生活方式的差异，也是两种不同地域的显著标志。竞渡之俗不仅遍及长江以南，整个东南亚乃至太平洋海岛也都包括在这一习俗范围之内。今天赛龙舟民俗，还传递着悠悠几千年南方水乡流域民间文化的气息。

一、偷龙骨

在众多的赛龙船民俗中，偷龙木是湖南地区独具特色的习俗。龙木，实际是龙舟上那根最长的纵贯首尾的龙骨木，又俗称龙筋。沅陵人认为：贼的手脚麻利，跑得快，偷来的木料制成的龙舟也

"跑"得快。买的料笨，偷的料灵，龙船要灵不要笨，因此，每逢龙舟大赛前期，那些赛船的队伍早就侦探好了可做龙木的大树或存放可做龙木原料的地方。半夜三更，偷料的农民便瞄准了目标，领头的人先点香一炷，念些赞辞之后即行锯树或偷料。木料到手，大伙抬料先行，留下的人在原地放下一些茯苓和桂圆——意寓留下富贵，随即点燃一挂鞭炮，打着"哦呵"匆匆离去；听到鞭炮和吆喝声，主人出门来"追"，边追边骂，追得越快，骂得越凶，偷料的一方跑得越快，便认为是好兆头。因为这意味着龙船在比赛时也会领着别人——追"我"，自然会赢。其实，双方心里都很高兴：主人认为自家的树木能做龙舟，说明自己的地界长出了"龙木"，此地就是"龙头宝地"；被追骂的偷木者也很高兴，因为船尚未打造就在竞跑中得了个获胜的好彩头。

猛峒河一带，偷龙木的习俗还有一个来由：相传屈原投江后，女媭（姐妹）为救屈原，做船来不及，是到天宫偷来仙木，化变成船的。有时刚偷来的料也会被别人偷走，但他们却喜欢这种热闹，不厌其烦地又到别处偷料。有时失料者不懂古俗，状告到地方官府，官言："偷龙木习俗，我有什么办法呢？"因此，偷料的习惯一直保留至今。所以，沅陵流传着这样一句俗话："龙骨木要偷，十赛赢九头。"

湘中的涟源、娄底旧时打造龙舟，不只是偷"龙脊"，还要到外地去偷龙头。这里的人认为当地的江河太小，江中真的有龙，也是小龙，成不了气候，要到大江大河的沿岸去偷真龙、巨龙。

二、偷船

在有些地方，这种偷料的习俗，已经演变为"偷船"的习俗。因为偷船，更为直接，按照习俗，比赛完毕，在还船的同时，一定要提桐油、鱼肉等礼物，以示酬谢。

据老辈人讲：1965 年农历四月，在洞庭湖畔民主垸，在田中劳作的生产队社员忽然玩兴大发，要在五月端午去镇上的河中赛龙舟。可是没有船，怎么办？大家决定去偷。第二天，生产队便派出了两个人，扮作收买猪崽的小贩，去侦察可做龙舟的渔船。船找到后的当天半夜，生产队的男劳动力集合在一起，朝十里之外的目的地出发。

那是一个地形独特的地方：一个水塘中有一块三面环水的小岛，龙舟就倒扣在岛上，而池塘的周围就是环绕一圈的农民住舍。我们潜伏到了池塘边，才发现龙船的主人早已有所戒备。船被几条大铁链锁住，船旁边搭有一顶牧鸭人居住的鸭棚。棚里亮着马灯，马灯下我们清楚地看到，有像我们一样被生产队干部“重用”的下乡知识青年，他们还没有入睡。

出发之前，生产队长告诉了我们所有人应该注意的事项和偷船的老规矩。第一，要千方百计地将船推到水中，因为按照习俗，龙船下了水就算偷船成功，哪怕它只是在一个小小的池塘中。第二，鼓手要立即上船擂响鼓点，因为擂响了鼓点就是告知龙船的主人，这船已被我们“借走”，以示感谢。

守船的知青在玩扑克，睡得很晚。深夜的天气已经十分阴冷，我们冷得瑟瑟发抖。好不容易守候到他们进入梦乡，我们决定立即行动……然而对方早已壁垒森严，两条铁链还没有割断，棚内的锣鼓已经敲响，顿时，周围的农民已经将偷船的我们来了一个反包围。船没有偷到，我们反成了“俘虏”。按照习俗，我们被分别请进了农家各户，主人们立即烧火煮蛋做茶。一阵嬉笑声中，几分钟前还十分陌生的小贼和主人，顷刻之间成为了好友。

五月初五，我们还是划了龙船，那是在后来的某天在另一个生产队偷到的。比赛那天，船的主人也到现场为这条龙船助阵加油；比赛完后，我们将龙船挂上红布带，载着半边猪肉和一些白酒去主人队上表示感谢。把船归还给主人后，两队俨然成为亲戚。

三、抢鸭子

在四川大部分地区和沅、湘水域等地，其“抢鸭子”的风俗非常别致。沈从文先生在他的《边城》一书中给我们留下了生动的记录：端午日，当地妇女小孩子，莫不穿了新衣，额角上用雄黄蘸酒，画个王字。任何人家到了这天，必可以吃鱼吃肉。上午十一点钟左右，全茶峒人就吃了午饭。把饭吃过后，在城里住家的，莫不倒锁了门，全家出城到河边看划船。河街有熟人的，可到河街吊脚楼门口边看，不然就站在税关门口与各个码头上看。河中龙船以长潭某处作起点，税关前作终点，作比赛竞争。因为这一天军官税官以及当地有身份的人，莫不在税关前看热闹。划船的事各人在数天以前就早有了准备，分组分帮各自选出了若干身体结实、手脚伶俐的小伙子，在潭中练习进退。船只的形式，与平常木船大不相同，形体一律又长又狭，两头高高翘起，船身绘着朱红颜色长线，平常时节多搁在河边干燥洞穴里，要用它时，拖下水去。每只船可坐十二个到十八个桨手，一个带头的，一个鼓手，一个锣手。桨手每人持一支短桨，随了鼓声缓促为节拍，把船向前划去。坐在船头上，头上缠裹着红布包头，手上拿两只小令旗，左右挥动，指挥船只的进退。擂鼓打锣的，多坐在船只的中部，船一划动便即刻嘭嘭当当把锣鼓很单纯地敲打起来，为划桨水手调理下桨节拍。一船快慢不得不靠鼓声来指挥，故每当两船竞赛到剧烈时，鼓声如雷鸣，加上两岸人呐喊助威，便使人想起梁红玉老鹳河水战时擂鼓，牛皋水擒杨幺时也是水战擂鼓。凡把船划到前面一点的，必可在税关前领赏，一匹红，一块小银牌缠挂到船上某一个人头上去，皆显出这一船合作的光荣。好事的军人，当每次某一只船胜利时，必在水边放些表示胜利庆祝的五百响鞭炮。

抢鸭子习俗

赛船过后，城中的戍军长官为了与民同乐，增加节日的愉快，便把 30 只绿头长颈大雄鸭的颈脖上缚了红布条子，放入河中，善于泅水的军民人等下水追赶鸭子。谁把鸭子捉到，谁就成为这鸭子的主人。于是长潭换了新的花样，水面各处是鸭子，各处有追赶鸭子的人。船与船的竞赛，人与鸭子的竞赛，直到天晚方能完事。

这种赛龙舟中的抢鸭游戏，已经不知起源于何时，在民俗中久传不衰。

四、赏红抢红

在沅陵赛龙舟的习俗中，“赏红抢红”是一大特色。每到大赛前夕，沅陵人要去商店买回红布红绸。有钱的要扯回一匹整“红”，长达六七十余米。然后请书法高手在上面写上“帅”、“天”、“百战百胜”、“天上第一龙”等类似吉利话，悬挂在大江两岸，等着竞赛的龙船来抢红。没钱的也要省出些钱来买回红布，撕成两条系在竹竿上，表示好事成双。“赏红”的人还常常带上鞭炮去江边凑凑热闹，他们把荣誉和希望都寄托在“红”上，像在赌场上下了赌注。如果心中的龙船赢了，自觉有一份功劳。

爆竹上也画了龙

五月初五到十一，沅水两岸成了彩色的世界，到处是“赏红”的人，到处是“抢红”的船。赏红者看到自己心仪的龙船一出现在江面上，便挥动竹篙摇红呐喊助威。龙船得到信号，飞一般地划向岸边，去满足赏红人提出的要求。船头桡手可以抢红，夺下红绸之后，将它扎在头上，然后又去“抢”另一条红。直到将全船人的头上、桡片上，甚至整个船身都缠上了红，方才罢休。有赏红者直接点燃爆竹，将“红”送上；也有赏红者吆喝桡手，通过“抢红”，让彼此心仪的龙船再进行竞赛表演。

五、赛纸龙船

沅陵龙船历经千年而不衰，代代相传，这与沅陵龙船多样性有关。每年端午节，大人们下河真刀实枪地赛龙船，那些挤不到河岸或是家距大河较远的山乡儿童，这时也会在陆地上摆开龙船大赛，不过他们赛的龙船是纸扎的，俗称赛纸龙船。

纸龙船比赛

纸龙船的赛场是一块五六米见方的平地，将两只船并头放在赛场一端，纸船主人各持一把大蒲扇，半蹲半站守在自己船侧，小主持人一声“开跑”令下，船主就挥动大扇，扇起纸龙船往终点冲刺。比赛中，船头必须始终对准终点，否则视为“走艄”，要被裁判判为输船。

外国人参加纸龙船大赛

赛纸龙船也有很多围看的观众，虽以孩子居多，但也不乏成年人，特别是小船主的父母们亦经常到场助威呐喊。虽是纸船，但竞赛之激烈，也并不逊色于河中的大龙船。也许这就是沅陵龙船能代代相传、经久不衰的原因之一吧。

现在的纸龙船已经有很大的改进，船体由竹片、纸风斗、轮子三部分组成，依旧由扇子扇风作为动力，驱船前进。

六、龙舟饭

龙舟饭，又称龙舟宴。最早的说法是龙船“得胜还埠，则广召亲朋宴饮”，村民们为祝贺龙船凯旋，整个村子里的人共同集资，烧一大锅龙船饭，恭请龙舟竞“标”的划手，举杯宴饮。这种宴饮，珠三角人称之为食“龙舟饭”。后来变为所有的来宾、观众等也一起吃，不管什么人都可以食用，以广结“龙缘”，遍得“龙福”。许多人都慕名到村子去觅食，最后演变成热热闹闹的一种赛龙舟的后风俗。

广东顺德吃龙饭

也有人说，龙舟饭是给划龙舟的人吃，是划龙舟前吃的饭，让他们划船特别有力气，这种饭是用糯米加上腊肉丁、虾米、墨鱼丁、香菇粒做成的，特别顶饱。

龙舟饭是珠三角农民的大聚餐，是传统的社日宴饮的继续。宴会开支的款项来源，主要是村内工厂、店铺、专业户、个体户和普通村民的捐赠，以及港澳同胞、华侨的赞助，其次是龙船部件的竞投所得。为了讨个好意头，村民争出高价，以赢得对龙头、龙尾、船鼓或木桡的保管权。还有的是新龙船落水时到附近各村巡游所得的谢仪，慕名而来的游客自助红包。当然，竞赛赢得的奖品——整头猪、成坛美酒等，也“取之于民，用之于民”。至于烹饪，则从村民中挑选多名业余烹调高手作“候镬”，到各家各户借来炊具、碗碟，架起案板，垒好大灶，煮的是大锅饭，炒的是大锅菜，龙舟饭摆的是“大阵势”。

到了红霞满天的傍晚，全体村民便云集地堂——晒场，或坐或蹲，宴开百席。每席有菜十余盆——用大面盆盛装，其中必有一碟蒜头蒸辣椒，用以辟除“扒仔”（划手）身上的水湿气。此外，还有鸡、鸭、烧猪肉、油豆腐煮鱼、豆角等，虽无鲍参翅肚，倒也大鱼大肉，颇有《水浒传》中梁山好汉“大碗饮酒，大块吃肉”的豪情！凯旋的“扒仔”披红挂花，昂昂然端坐上席，乐呵呵接受乡亲父老的祝贺。席间还有助兴节目：有钱人家竞放鞭炮，互相比富斗阔。这时，雷鸣般的鞭炮声，此落彼起的猜拳行令声，汇成了一片欢乐的海洋，把宴会推向高潮。散席后，“家家扶得醉人归”。

附近城镇居民也不甘寂寞。他们都包一封“利是”——红包，让孩子持往地堂灶边，“讨”一钵“龙舟饭”，回家分而吃之，希冀儿女像龙一样威猛矫健。在物质匮乏年代，讨龙舟饭既有吉祥之意，更是为了填饱肚子。

船上吃龙舟饭

在佛山墨编，村里吃龙舟饭已经有200多年历史了。当地人认为，竞渡前最重要的是吃龙舟饭，那样桡手才有力气划水。吃过龙舟饭后，族人将会身体健康，特别是小孩子，生龙活虎，顺风顺水，能让村里兴旺。龙舟饭必有一道菜——豆角，寓意长久、长寿，大鱼大肉，鸡鸭鱼也一应俱全，人们用传统的谷箩装饭，用谷筛端菜，菜式不但保留传统，而且越来越丰富。随着生活条件的改善，宴款来源也更加丰富，吃龙舟饭的村民也越来越多。除宴请龙船选手外，赛龙舟的自然村大鱼大肉款待全村老小或者村里的亲戚好友，让大家一起感受过节气氛。吃龙舟饭已经是村里一个重要的聚会活动，部分外出的村民甚至专门驱车赶回乡下吃这顿饭。

现在广州许多地区的“龙舟饭”，已经发展成为热门旅游资源。沙溪曾经举办过“千人龙舟饭”，吃掉150只鸡、260斤猪肉、2000斤冬瓜、800斤沙葛和500斤大米！沙溪是按照传统习俗举行吃龙舟饭仪式，超过1000名村民和游客聚首一堂，喜吃140多席的龙舟饭。

七、夜赛龙舟

夜赛龙舟是浙江水乡旧时习俗。白天赛龙舟意犹未尽，便相约夜晚继续比赛。水上点浮灯，终点有标灯，舟中灯自备，岸灯列列，游灯晃晃，整个赛区灯火闪耀，流光溢彩，景色十分富丽。竞渡场所大多在人烟稠密热闹、水域宽阔的江河湖泊中进行。橙红明丽的灯火中，龙舟你追我赶，别有另一番滋味。

三溪夜赛龙舟

夜赛龙舟也是福建省的特色，“自古龙舟日竞渡，独有三溪夜赛航”。村里一位老村民说，古时村民白天要辛苦劳作，到了晚上才有闲情，于是白天外出劳作赶不上龙舟赛的人，晚上就可以赶场加赛。三溪由潼溪、北溪和南溪组成，亦名鼎溪。由于这里山明水秀、风景优美，不仅民风淳朴，而且文化底蕴深厚，“龙舟夜赛”便成为一项极有特色的民间传统活动。

四川省成都市五通桥夜赛龙舟，龙舟张灯结彩，有的用彩灯作龙眼，有的在水面上设堆堆浮焰，龙舟于其间成双疾驰，灯光灿灿，泛映水面，像一条条真龙在水面竞飞，尤为动人。

福建省长乐市江田镇三溪村的夜赛龙舟一般是晚上 6 点多开始，参赛的、观战的全家出动聚集河道岸边。溪河两岸路灯齐明，岸边水上激情同欢。伴着居民家里的灯光一起映射在清澈的水面上，溪水就像一条斑斓彩带。水光辉映中，溪面上条条威风大龙舟早已整装待发。以前端午节时，村民会自发在溪两岸挂上一排排的红灯笼为夜赛龙舟照明，后来村里为了方便比赛，专门在岸边装了路灯。近年来，夜赛龙舟的传统特色文化活动搞得红红火火，吸引了许多外地民众、国际友人前来观看。

目前一些水域宽阔的大城市也在尝试开展夜赛龙舟，如羊城珠江，将船身、龙头装上彩灯，运动员穿上荧光效果的救生衣，效果很好，受到普遍欢迎。

闽西夜赛龙舟

八、划上水船

划上水船就是赛龙舟采用逆流而上的比赛方式。湖南汨罗江一带的赛龙舟，必须要选择这个方向。汨罗江水向西流，龙舟必须向东作逆流而上。即使不知规矩的友人在西边放鞭炮送“红花”来了，龙舟也不予理睬。因为民俗以“划下水船”兆示衰败。在汨罗赛龙舟时，只有当船从下水向上水划的一路上，才接受亲友的馈赠，才作自由赛“抢红”。

珠江夜赛龙舟

九、挂菱花镜和筛子

湖南郴州一带风俗，每艘竞渡龙舟尾部要挂一面菱花镜和一把筛子，当地人习以相传。唐代扬州产江心镜贡于唐太宗，故又名天子镜，此镜于夏历五月五日午时由巧匠在长江中游铸成。铸镜须百炼，故又名百炼镜。相传铸镜时有龙王入镜中，镜背有盘龙九条，于是又名盘龙镜。此镜既灵且奇，白居易有“日辰置处灵且奇”（《百炼镜》）之句。郴县挂镜，取祈求龙王保佑龙舟取胜之义。又挂筛子，抑或不让龙王遁逃，以求全始全终。此俗别出心裁，值得回味。

十、龙舟水

根据江南、华南一带气候，每年端午节前后的一个月内，会有一次较大降水过程，称之为龙舟水。当然，既然是民俗的称法，自然还有诸多不同的概念版本。有些人讲：行龙舟遇大雨是吉兆，龙舟水能给人带来好运，消灾祛病。

洗龙舟水

广州人每逢端午节，会带着小孩走到江边，让孩子小手小脚都浸浸龙舟水，到小溪、小河边洗个澡，给孩子沐龙舟水以驱百病，使小孩子身体健康，快快长大。大人们会到附近的江边、海边去游泳，强身健体。有些地方的老人认为，用龙舟水煎药，可以驱魔辟邪，强身健体。

十一、游街

胜归游街

重庆奉节风俗，龙舟赛事结束后获胜的龙舟队还要游街。得胜船上的队员将银牌倒插在鬓边红帕下，扛着锦标和裹着金箔的招子，点放“黄烟”。前有龙头，后有龙尾，敲锣打鼓耍旗帜。各家店铺则鸣放鞭炮相迎。街上硝烟弥漫，黄云滚滚。街侧行人欢呼鼓掌，丢抛糖果硬币饰物。牛耳炮震天鸣响，一派喜气。

湖南汨罗江一带对竞渡胜负十分看重。谚云：“宁荒一年田，不输一年船。”竞渡获胜，旧时以红轿接龙头，一路锣鼓鞭炮，夹道人人称贺，店铺老板为龙头鸣炮披红，酒馆老板临街敬酒。赛场河岸一带若有大户亲友，则必邀请赛手至家中摆酒宴接风。回村即将龙头放祠堂神龛上，焚香点烛，洒酒磕头。入夜时请戏班搭台唱戏，少则3本，多则10余本。天天由龙舟队员作陪吃酒席。演首场戏时，还要在演出中间捉出地方头人和催桡手“打家官”亮相——由演员给此二人在眉心处按红油彩。当地人视获取赛龙舟胜利为殊荣，自此说船话竞渡，至八九月不厌。

苗族龙舟桡手游街

十二、犒船

犒船分两大类。一类是代表集体的，如趁景、龙舟节的东道主，对参赛、趁景的来舟，以饮料、水果、香烟等送之，以示尊重、友好及慰劳之意。另一类是私人犒船，广州地区，大凡邻村、邻乡的新龙船路过，当地的亲朋好友就以礼帖、布料（常用的是6～7尺），水果、香烟、爆竹等物奉送，食物全船受用，布料则归受贺指定的亲戚好友（布料上有红纸字条写明）。有些村的新龙舟下水，不管人家是否邀请，主动划到别村巡游，人家不犒劳不好，这种行为被称为“勒食”，解放前“勒食”之举偶有闻之。不管何种情况，受犒之船，跳头者均需双手接犒，犒礼收毕，跳头的即指挥龙舟起航，划行一段距离后即掉过头

好酒好糖还有红包利是相赠，
鼓励龙舟的到来

来兜一个圈，再经受礼之地，对岸上之人双手作揖，这礼式叫“朝头”。受犒后如若不“朝头”，则被视为极端无礼，人皆恨之。若是重犒或交情甚笃者，龙舟则往返三“朝头”，以示感激礼厚情深。

十三、投龙船标

广州龙船起水、采青后，就进行龙船上各个重要位置的投标。龙船上有桡手、鼓手、艄公、掌旗、神斗、前后打旗指挥手等多达七八十人，投标的是竞选龙船最重要的五个位置，即四个锣架（也叫罗伞位）和一个船旗位，都是要投标竞拍取得。投标也叫投龙船面，竞标从初一至初五的龙船面。投龙船标，其实就是有钱出钱、有力出力的淳朴表现，促进乡亲和宗亲团结的活动，投标募集的款项，全部用于龙舟赛事的开支。这是广州许多地区赛龙舟前例行的一项筹款活动。

十四、谢江

重庆奉节一带赛龙舟结束后的风俗。龙舟划到江心，拿艄人将艄柄下按，让长舵高离水面，桡手们一齐后转，倒划船回岸。它的意义一是与屈原大夫告别，二是闹了龙王表示歉意。俗称此为“谢江”。

十五、晒桡

湖南汨罗江一带的风俗。在赛龙舟中获胜的一方，全体桡手要将桡桨高高举过头顶，手舞足蹈，欢呼胜利，俗称为“晒桡”。当地人平时又将俚语“晒桡”，当做凌弱而夸狠的代名词。

赛龙舟陋俗

在赛龙舟的过程中，封建的、迷信的陋俗也不少，如毁船、扯船。但最突出的有两种：一种是纷争械斗，另一种是封建迷信的禁忌。

扯船。安徽省奎潭湖一带，比赛开始时双方水手各抓住对方的船舷，外侧划手则奋力划桨。相持几千米以后，当其中的一方认为自己处于有利地位的时候，鼓手便一声号令："拆！"内侧水手就猛将对方的龙舟向后拉，然后撒手。假若对方不松手他们就用桡使劲抵对方的船边，直到对方抓不住船，这样，正式比赛才能开始。

打水仗

毁船。沅陵龙舟赛中，有输船者打碎桡片，砸烂龙船的习俗。据说，沅陵人砸船，是为了表示自己输船不输人，然后连夜偷料赶做新船，气势汹汹地去找战胜了自己的对手报"仇"。桡手中很难找到心服口服的认输者，于是有人说："沅陵人的可爱之处就在于此——砸船！"

福建福州十分重视舟身设计，如果连年竞赛皆败北，就把龙舟锯掉，重新建造一艘新船，争取夺标。

这一风俗，在猛峒河一带的有些地方，为另一种形式：人们不是划着龙舟去参加竞渡，而是抬着龙舟去竞渡地点，为的是不让"龙"受累，以便以逸待劳。但一旦赛事不利，他们便或骂或讥笑，将所有的委屈和怨气全发泄到"龙"身上去，最后以利斧将"龙""碎尸万段"。

广西桂林古代风俗，在《桂林府志》古籍中也有记载：宋代时，"每三岁造一神船，饰以金翠，费数千缗，成举而焚之。"龙舟下水划过三年，上岸祭祀后便进行烧毁，又重新再造龙舟。在远古的傩祭中，亦有烧船的习俗。这种习俗，是不是如同佛教的"涅槃"？

包龙头。"包龙头"，就是在竞渡中，甲船从乙船的船头包抄而过。“包龙头”是汨罗江一带的称谓，在湖南的龙山一带称“旋锅盖”，在浙江温州称“拦头”。包抄的一方是为了炫耀胜利，被包抄的一方则视为奇耻大辱，这本是赛龙舟的大忌。所以竞渡的船队往往因此而结下深仇，引起械斗。在新中国成立前，它是宗族势力以强凌弱的表现形式。新中国成立初尚有犯“忌”不讲文明的“包龙头”事件发生，今已杜绝。

械斗。竞渡引发的械斗在旧时常有发生，而且有些竞渡方式本身就带有滋生械斗的可能性。如上述的“扯船”、“包龙头”等。湖南汨罗江一带视竞渡输船为奇耻大辱，一方在正式赛场划船失利，往往于十五大端阳日再次邀战竞渡，旧时大端阳日出舟一般均藏有凶器，船划不赢便要打赢，夺冠一方若出舟应赛常难免酿成一场械斗，因此，获胜一方此日都不再应战。

古代在湖南、四川、广西、台湾等地禁止竞渡，除了皇帝尊龙的原因外，主要是因为械斗的现象严重，以至于“有司不敢诘”。以姓氏宗族为单位造船或以船分色组织竞渡，这是产生械斗最根本的体制上的原因。旧时见诸记录的械斗很多，最严重的则要数台湾、湖南和广东。台北县三峡镇两个社团两龙相斗为了竞渡胜负僵持了一个多月，若无老天帮忙，定是一场血刃相搏；1973 年台湾的新竹市端午竞渡，出现了枪手事件；同年同时的宜兰市的龙舟赛中队员打了裁判而后两龙交锋；1974 年台湾桃源县龙潭乡的竞渡因两龙相撞，造成了命案；在湖南益阳，清同治五年（1866 年）的竞渡，因械斗一次就死亡 73 人。民国 4 年（1915 年）竞渡时，黄泥湖龙舟队员当场打死了杨七郎庙的龙舟队员 70 人；清代湖南（汨罗）湘阴也常有械斗，甚至在岸上看竞渡的人都相互争打；1936 年，在广东番禺发生斗殴事件，南埔三乡与大岭乡各伤多人；1937 年端午前，番禺地区因宗族的怂恿又导致了番禺神山与雅瑶的两船械斗，一次致伤 25 人。民国初年，广东各县城都派队参加赛龙舟，往往为了胜负之争而起械斗。有时参加竞渡的人甚至准备枪支弹药，遇到冲突发生时就以武力解决以至于当地警方被迫下令停止赛龙舟。

新中国成立以后，在 50 年代初的过渡时期，斗殴事件偶有发生，到50年代末便基本绝迹。可惜在祖国的宝岛台湾，械斗尚未根治，人民血肉相搏的情形令人揪心。赛龙舟本来是有益的休闲活动，既可锻炼体格又能团结地方，结果却由此引起争执、打架，甚至死人事件，这就失去了端午竞渡的本意。

禁忌。封建迷信禁忌，在竞渡活动中五花八门，数不胜数。而最有代表性的是性别禁忌。在整个龙舟活动和竞渡活动中，女人几乎无立足之地。古时流传，家中凡有丧事、分娩生产者以及女性都被列为禁忌者，不得参与龙舟祭拜仪式，妇女更连触摸龙舟也不可以。在沿海地区女人不许看龙舟，内地的女性不能摸龙舟、上龙舟，而造龙舟的时候，女人非但不能看，雕工师傅视线所及之处，连晾晒衣物都不允许。

随着社会的发展，社会主义制度的建立给妇女打开了几千年的封建枷锁。新中国成立后，广州鹤洞妇女就首先划起龙舟，和男人们一道参加竞渡。自此全国各地女子龙舟纷纷崛起，乃至同男子一道参加国际龙舟大赛。

旧时的语言禁忌也颇多，现在都已破除。旧时传承下来的诸如鼓点、挥旗、打招、唱歌方面不健康的东西，在龙舟形制规范化的今天都已失去了生存的土壤。

第四章 龙舟的题材与特点

龙舟题材

一、龙舟说唱

龙舟说唱又称龙舟歌、龙舟调。据史载，龙舟说唱是一种民间说唱艺术，起源于清代，20世纪50年代前流行于县境及广州方言地区，以顺德腔为正宗。《岭南俗文学简史》称其“产生于明代末年或更早，盛行于清中叶以降，是粤方言区流传最广、影响最大的歌谣之一”①。艺人全为男性，手持一具木雕小龙船或龙舟手杖作道具，胸前持小锣小鼓，边敲边唱，内容多为谐趣故事及平安祝颂语，多在茶楼、乡渡和分村大榕树下卖唱。辛亥革命和抗日战争时期，龙舟说唱被应用于社会宣传，时称“社会龙舟”、“政治龙舟”，艺人所编写的反清、抗日及控诉“三害”（吸毒、赌博、嫖妓）等长篇唱词，曾产生广泛的社会影响。新中国成立后，龙舟歌也做过一些改革探索，原只有男艺人演唱，后增加了女演员演唱；原只有单人演唱，后增加了双人对唱及群口齐唱，并尝试添加小乐队伴奏等。

---

① 叶春生．岭南俗文学简史．广州：广东高等教育出版社，1996.

龙舟歌是一种用广州方言演唱的粤曲清唱形式，粤剧、粤曲常用的曲牌之一，也叫做“龙舟”。其产生有多种说法，一是在清乾隆年间的顺德区杏坛镇吕地村，一位破落的刘姓大户子弟，因家境衰败贫寒，到广州考举人又没考上，于是，有些音乐天分的他从粤剧中学会一些调子，并融合了一些其他曲艺的特色，首创出龙舟歌来，并以此为生计，编创了这些东西四处卖艺传唱。至今，唱龙舟歌已有260年历史了。如今的刘家说唱龙舟已传至第六代传人，就是刘老先生，不过老人家已经“退隐江湖”，极少出来说唱龙舟了。二是清康熙年间，天地会等组织为方便开展宣传，编创耳熟能详的地方唱腔。三是人们认为，龙舟歌是由在端午节赛龙舟时向龙王爷祈祷，口唱消灾纳福、驱邪保健的祝颂词演变而成的。四是龙舟歌是在木鱼歌的基础上发展演变而来。相传在明朝中叶后期有一落难秀才，由于生活困迫，无奈之下经常到寺庙乞讨，长期在寺庙听和尚诵经念佛。和尚手敲木鱼，口中念念有词，所诵经文如泣如诉十分动听，秀才触景生情，将自己的遭遇编成顺口溜，学着和尚手敲木鱼独自吟诵解闷，从此便产生了木鱼歌。后经过艺人的不断

龙舟歌

龙舟调

改良和创作，运用声韵节奏规律，外加小锣鼓的敲击伴奏，便产生了龙舟歌。当时的百姓感觉特别新鲜，觉得龙舟歌比木鱼歌更有娱乐性，声韵节奏优美动听，说唱时更容易表达感情，因此很多人跟着学唱，逐渐流行。

龙舟说唱最大的特点是即兴演唱、简短通俗、朗朗上口。唱词多以七字句为主，四句为一组，上句仄韵自由，下句必须押韵，有起式和煞尾。诗歌创作的赋、比、兴手法被普遍运用，语言通俗生动，格律自由，曲调简朴流畅，抒情叙事均宜。作品题材多采自民间传说和地方典故，长篇较少，短曲为多，所唱的内容大多是一些劝人为善，或者喜庆吉祥的祝福话。也正因为龙舟说唱具有地区方言的特有韵味，在组织粤语唱词和“问字求强求腔”等方面有较高要求，词曲自编自唱、随编随唱。曲种长期扎根于民间，唱词朴实易懂，老幼能解，因此顺德龙舟歌在产生之初就流传到中山、南海、番禺等珠江三角洲一带，深受广大群众欢迎和喜爱。20 世纪 60 年代以前，是龙舟说唱的鼎盛时期，其曾经像新闻联播一样定时定点在茶楼食肆连续演唱。随着现代社会文娱形式的丰富，龙舟歌的原始缺陷逐渐显露：音乐性差，乡土气息浓厚，陈旧落伍和缺乏包装，于是逐渐受到冷落。由于早先民间艺人识字不多，且多为口耳相承，所以流传完整的书籍史料并不多见。至今，整个广东省会龙舟说唱的人已经所剩无几了。

仙姬送子

龙舟歌的曲目，部分来自艺人自编自唱，部分直接把木鱼歌唱词改用龙舟歌演唱。中、长篇作品较少，但题材内容多样：有神话、传说、寓言故事类，如《八仙贺寿》、《金星戏窦》、《仙姬送子》等；有历史故事类，如《昭君和番》、《王允献貂蝉》、《凤仪亭诉苦》、《大闹梅知府》、《霸王别姬》、《蒙正谢灶》、《贵妃醉酒》、《三聘孔明》等；有爱情故事类，如《西蓬击掌》、《金桥问卦》、《柴米夫妻》、《云英问病》、《桃花送药慰相思》、《杨翠喜忆情郎》等；有慨叹人生坎坷类，如《老女叹五更》、《赌仔回头金不换》、《怨嫁迟》等；有描写社会问题类，如《东兰返村》、《朱买臣得志》、《碧桃锦帕》等；还有娱乐性、知识性一类，如《七夕赞花》、《解携篮》、《花木思娇》等。

说唱龙舟

广东省佛山市顺德区杏坛镇北水村有两位龙舟公，他们正好是师徒俩。师傅尤镇发张口就来龙舟说唱，一唱起“龙舟”，老人显得精神抖擞，七八分钟的说唱，老人口不停，手不歇，边唱边敲，打着另一只手抓着的小锣小鼓。老人今年 80 多岁，徒弟尤学尧也已 70 岁。徒弟在旁介绍：师傅 16 岁时便跟随着他的师傅学“唱龙舟”，而自己十来岁时也与唱龙舟结缘，一来可以识识字，二来挣点钱糊口。他 80 年代初又拜在“名角”尤镇发门下，继续深造学习，每天跟着师傅穿街过巷、挨家挨户唱龙舟，历尽人间沧桑。今天唱龙舟已属副业，自己在村里承包了几亩鱼塘，不过，逢正月里他仍走村过

说唱龙舟

户去唱龙舟，直至闹完元宵才停下来。而平时，一般是有人请才去，一年大约也有两三次。哪户人家嫁娶、诞辰、开张以及做满月等喜庆日子，仍会请他过去唱曲助兴。据说，整个顺德仅杏坛镇尚有四五位健在的龙舟公，附近古朗村、吕地村也有两三位龙舟公，但是年岁都很高，不外出唱龙舟了。自己是最“年轻”的一个。

尤学尧是国家正式封授的“国家级非物质文化遗产龙舟说唱传承人”，全国有此称号的目前只有他一人，因此，他在杏坛当地亦小有名气。如今他的儿女没有跟他学唱龙舟，村里的年轻人也没一个愿做他的徒弟。现在龙舟说唱面临的最大困窘是，会唱的人越来越少，而想学的人几乎没有。

据说，学龙舟说唱的人很少是因为人们认为这是个不体面的行当，比乞丐好不了多少。当年穷人沿街或上门讨饭时，会编一些恭喜祝福的唱词，在喜庆的日子里挨家挨户唱龙舟，主人为图吉利，便会给点利市。不过，正因为唱龙舟可获得一点微薄的收入，一些穷人为了生计，才不断加入这一队伍。逢年过节或者遇到嫁娶、乔迁等喜事时，人们也会请龙舟公唱曲助兴。有朋友说，尤学尧接受采访是要收费的，倒不是他有多穷，而是龙舟说唱艺人走江湖养成的一种“职业习惯”。给了钱之后，你可以让他给你来段龙舟说唱，也可以自己出题目让他唱。于是，采访的人出了一个关于龙舟说唱的题目让他唱。尤学尧换上唱龙舟的长衫，小心地扣上钮扣，挽起双袖，并戴上印有“国家级非物质文化传承人”字样的绶带，

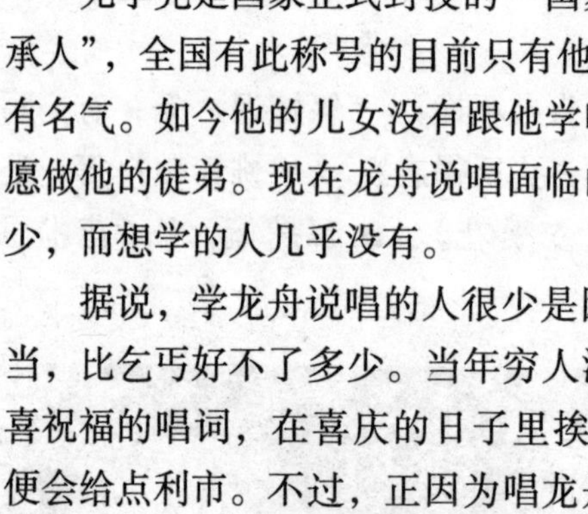

唱起龙舟歌，88岁的梁明坤老人声音洪亮、底气十足

略作沉思，就敲锣打鼓唱起来：“龙舟歌，锣鼓响叮当；龙舟说唱，美名传扬……”曲调不仅押韵，还对仗工整，声调时而低沉曲折，时

而高亢急促。

目前，龙舟说唱这一原生态艺术越来越鲜为人知，这一日渐式微的民间艺术亟待发展和传承。龙舟说唱在顺德杏坛保留较为完整，每逢端午、龙母诞等节日，当地村民就会自发组织龙舟说唱活动，庆祝节日。当地为了保护龙舟说唱这一艺术形式，成立了龙舟说唱协会，杏坛镇建立了“民俗民间艺术培训基地”，以及让龙舟说唱走进校园等活动，从多方面来保护、开发和传播杏坛民间民俗文化。2006 年，龙舟说唱被国务院批准进入第一批国家级非物质文化遗产保护名录，并公布于世，这个草根艺术终于有望从绝唱的边缘走回来。

赛龙舟说唱

（现代）吴雁泽 演唱；施光南 曲；任志萍 词

锣声（哟）密密（哟）鼓声稠（哟），

端阳佳节赛龙（啊）舟，赛龙舟。

锣声（哟）密密（哟）鼓声稠，鼓声稠，

端阳赛龙舟，嘿！端阳赛龙舟。

粗胳膊的小伙显身手，哟啰哟啰嗬。

大嗓门的姑娘喊加油，哟啰哟啰嗬嗬。

桨作蛟龙腿呀，旗是那蛟龙头。

江上搏来浪里斗，不夺头名不罢休，

不夺头名不（哇）罢休哇！

哟啰，哟啰，哟啰，哟啰，

不（呀么）不罢休！

挥动（哟）战旗（哟）闯急流，闯急流，

同心争上游，嘿！争（呀么）上游。

十七八青年赛猛虎，哟啰哟啰嗬。

拼搏正是好时候，哟啰哟啰嗬嗬。

胜也不摆尾呀，败也不低头，

汨罗江上五月五，你追我赶赛龙舟，

龙船调

你追我赶赛（呀）龙舟哇！

哟啰，哟啰，哟啰，哟啰，

赛（呀么）赛龙舟！

哟啰啰喂，喂啰哟，

哟啰啰喂，喂依啰哟，

哟啰嗬，哟啰嗬，哟啰嗬，哟啰嗬，

你追我赶，我追你赶，

加油！加油！加油！加油！

加油！加油！加油！加油！

赛（呀么）赛龙舟！嘿！

二、龙舟诗词

“鸣锣急响在船头，划桨争行较劣优。独有游人听不得，翻身直上玉皇楼。”这是乾隆时镇远修编的《镇远府志》所记载的镇远地区人们过端阳赛龙舟的竹枝词。此诗有意境，更有对镇远赛龙舟独到的特写，短短四句，写出了古城热闹非凡的端阳赛龙舟景象。词人不正面着笔渲染人山人海争相观赛场面，却以一个游人的身份显示在青龙洞下的龙舟争流和观者如堵情景。一句“独有游人听不得，翻身直上玉皇楼”，说的是这位客人想观看得更为真切，从人流中挤出，然后登上青龙洞最高层玉皇楼俯瞰。词家如此描写可谓用笔精到，独辟蹊径。公元1413年以前镇远地属楚境，端阳赛龙舟之风传沿久远，是贵州乃至西南最有影响的端阳节龙舟文化盛会。2005年中央电视台向全球直播过端阳赛龙舟的场景，现场城市有：贵州镇远、湖南汨罗、台湾台北。通过卫星，把充满地域文化特色的端阳龙舟节传播到世界各地。

编修《镇远府志》的知府蔡宗建，其诗句：“万家灯火倚城隈，翠拥南天叠障开，半岭飞泉征旱涝，高峰聂汉隐云雷，时观竞渡龙翔麓……”勾画出赛龙舟夺锦的激烈场面，读来生动感人。

在众多的传统节日中，与诗歌、诗人关系最密切的莫若是端午。1941年端午节前，郭沫若向抗战的文艺界人士发出倡议：从当年开始，将农历五月初五端午节定为纪念屈原的“诗人节”。倡议得到大家的积极响应。端午节除了赛龙舟、吃粽子，一些地方还会公祭屈原、办诗会。屈原约死于公元前278年，但屈原的精神却代代相传，且枝繁叶茂，硕果累累，荫庇和滋养着后人的精神世界。屈原是个诗人，从他开始，中国才有了以文学著称于世的作家。其著作有《楚辞》、《离骚》、《天问》、《九歌》、《招魂》等不朽优秀诗篇，他是中国文化史的一个里程碑式的人物。中国历史上杰出的文论家刘勰评价屈原“衣被词人，非一代也”；鲁迅称屈原作品“逸响伟辞，卓绝一世”，所以屈原被后人誉称为中国诗祖，世界文化名人。屈原的诗歌，关于赛龙舟的内容有许多描写，前面章节有载录，此处不再赘述。

此外，一些历代著名的文学家、诗人、文人雅士，歌颂、赞美、吟咏赛龙舟，留下了许多脍炙人口得壮丽诗篇。这些诗人基于缅怀屈原的爱国精神，基于赛龙舟的壮观场面，感同身受，写下了不朽的著作，比较有代表性的作品有：

竞渡曲

（唐）刘禹锡

沅江五月平堤流，邑人相将浮彩舟。灵均何年歌已矣，哀谣振楫从此起。扬桴击节雷阗阗，乱流齐进声轰然。蛟龙得雨耆鬣动，螮蝀饮河形影联。刺史临流褰翠帏，揭竿命爵分雄雌。先鸣余勇争鼓舞，未至衔枚颜色沮。百胜本自有前期，一飞由来无定所。风俗如狂重此时，纵观云委江之湄。彩旗夹岸照蛟室，罗袜凌波呈水嬉，曲终人散空愁暮，招屈亭前水车注。

竞渡歌

（唐）张建封

五月五日天晴明，杨花绕江啼晓鹰；使君未出郡斋外，江上早闻齐和声；使君出时皆有准，马前已被红旗引；两岸罗衣扑鼻香，银钗照日如霜刃；鼓声三下红旗开，两龙跃出浮水来；棹影斡波飞万剑，鼓声劈浪鸣千雷；鼓声渐急标将近，两龙望标目如瞬；坡上人呼霹雳惊，竿头彩挂虹霓晕；前船抢水已得标，后船失势空挥桡。疮眉血首争不定，输岸一朋心似火。只将输赢分罚赏，两岸十舟五来往。须臾战罢各东西，竟脱父身请书上。吾今细观竞渡儿，何殊当路权相持。不思得岸各休去，会到催车折戟时。

岳州观竞渡

（唐）张说

画作飞凫艇，双双竞拂流。
低装山色变，急棹水华浮。
土尚三闾俗，江传二女游。
齐歌迎孟姥，独舞送阳侯。
鼓发南湖溠，标争西驿楼。
并驱常诧速，非畏日光遒。

端午

（唐）文秀

节分端午自谁言，万古传闻为屈原；
堪笑楚江空渺渺，不能洗得直臣冤。

竞舟

（唐）元稹

楚俗不爱力，费力为竞舟。买舟俟一竞，竞敛贫者赇。年年四五月，茧实麦小秋。积水堰堤坏，拔秧蒲稗稠。此时集丁壮，习竞南亩头。朝饮村社酒，暮椎邻舍牛。祭船如祭祖，习竞如习雠。连延数十日，作业不复忧。君侯馔良吉，会客陈膳馐。画鹢四来合，大竞长江流。建标明取舍，胜负死生求。一时欢呼罢，三月农事休。岳阳贤刺史，念此为俗疣。习俗难尽去，聊用去其尤。百船不留一，一竞不滞留。自为里中戏，我亦不寓游。吾闻管仲教，沐树惩堕游。节此淫竞俗，得为良政不。我来歌此事，非独歌此州。此事数州有，亦欲闻数州。

观竞渡

（唐）储光羲

大夫沉楚水，千祀国人哀。
习棹江流长，迎神雨雾开。
标随绿云动，船逆清波来。
下怖鱼龙起，上惊凫雁回。
能令秋大有，鼓吹远相催。

竞渡时在湖外偶为成章

（唐）李群玉

喧江雷鼓鳞甲动，三十六龙衔浪飞。
灵均昔日投江死，千古沉魂在湘水。

端午竞渡歌

（宋）黄公绍

望湖天，望湖天，绿杨深处鼓䶜䶜。好是年年三二月，湖边日日看划船。

斗轻桡，斗轻桡，雪中花卷棹声摇。天与玻璃三万顷，尽教看得几吴舠。

看龙舟，看龙舟，两堤未斗水悠悠。一片笙歌催闹晚，忽然鼓棹起中流。

贺灵鼍，贺灵鼍，几多翠舞与珠歌。看到日斜犹未足，涌金门外涌金波。

马如龙，马如龙，飞过苏堤健斗风。柳下系船青作缆，湖边荐酒碧为筒。

绣周张，绣周张，楼台帘幕絮高扬。谁赋珠宫并贝阙，怀王去后去沉湘。

棹如飞，棹如飞，水中万鼓起潜螭。最是玉莲堂上好，跃来夺锦看吴儿。

建云斿，建云斿，土风到处总相犹。朝了霍山朝岳帝，十分打扮是杭州。

蹋青青，蹋青青，西泠桥畔草连汀。扑得龙船儿一对，画阑倚遍看游人。

月明中，月明中，满湖春水望难穷。欲学楚歌歌不得，一场离恨两眉峰。

归州重五

（南宋）陆游

斗舸红旗满急湍，船窗睡起亦闲看。

屈平乡国逢重五，不比常年角黍盘。

东瓯百咏

（清）郭钟岳

龙舟竞渡闹端阳，五色旌旗水上扬。

争看秋千天外荡，梢婆笑学女儿装。

龙舟赛事是很多文人骚客捕捉灵感、展示才华的大好机会。千百年来，关于端午赛龙舟的诗词佳句不计其数，展现出端午习俗丰富的文化内涵。南宋著名诗人刘克庄在《贺新郎·端午》中，对龙舟进行了较为生动的描写：深院榴花吐，画帘开，线衣纨扇，午风清暑。儿女纷纷夸结束，新样钗符艾虎。早已有游人观渡。老大逢场慵作戏，任陌头，年少争旗鼓，溪雨急，浪花舞。灵均标致高如许，忆生平既纫兰佩，更怀椒醑。谁怜骚魂千载后，波底垂涎角黍。又说是蛟馋龙怒。把似而今醒到了，料当年，醉死差无苦，聊一笑。

以上是赛龙舟诗词歌赋中摘录的极少数部分，这些诗词都从不同的侧面生动地描写了赛龙舟的热烈场面，为后人留下了一幅幅秀美的竞渡美景。在刘禹锡《竞渡曲》中，详细刻画了沅江赛龙舟的场景和夺标的壮观场面。刘禹锡把胜者欢欣，败者沮丧以及赛后人们在水中嬉戏与岸边彩旗相映生辉，准确翔实地描绘出来，为后人留下了感同身受的精彩画面，奏响了一曲曲悲喜激荡的命运交响乐。宋朝著名诗人黄公绍的《端午竞渡棹歌》十首，也详细描写了杭州西湖赛龙舟的壮美场景。

三、龙舟对联

在对联方面，民间也留下了不少吟诵龙舟的佳句，但影响则不及诗词。载录部分：

艾叶吐幽芳香溢四海，龙舟掀巨浪气吞八荒。

结艾钗头轻战虎，夺标船首惯成龙。

艾人驱瘴千门福，碧水竞舟十里歌。

石榴映红日千门喜庆，鼓乐催龙舟万水欢歌。

手执艾旗招百福，门悬千剑斩千邪。

端午池塘菡萏欣喜，石榴房房迎红日千门喜庆；

夏初路畔蔞薇竞绽，锣鼓声声催龙舟万水欢腾。

在多种形式的龙舟活动中，历史上各个朝代不少文人墨客留下了众多赞美龙舟活动的对联，通过描写端午节赛龙舟的浩大场面，表达了人们对伟大爱国诗人屈原的缅怀和歌颂。这些诗联作品集中反映了广大人民群众传承屈原的热爱祖国、热爱人民、修身治国齐家平天下、乐于为国为民勇于献身的精神，热情歌颂了屈原舍身成仁的美好品德。同时这些诗联作品又从另一个角度歌颂了广大劳动人民热爱生活、追求美好家园的情怀，反映劳动人民过端午、赛龙舟的热烈场面，表达了广大劳动人民期望社会安定和谐、国泰民安、生活美满的良好愿望。今天重温这些诗联作品，有助于我们更好地继承优秀传统文化，弘扬爱国主义精神。

四、龙舟号子

龙舟号子就是龙舟“劝力之歌”，是众多普通百姓号子唱和自我激励的民间音乐。龙舟号子虽然没有正式的乐谱，可是传唱千年，已经形成了几十种唱调，而唱词更是随着历史的演变、经济社会状况和人们生活方式的改变逐渐丰富起来。龙舟号子极大地充实了水域环境地区的民间音乐，同时它又是一部活历史：歌词里记载了各时代的生产方式、民风民俗甚至政治状况，反映了不同时期人民的疾苦与渴望。老百姓运用和谐的韵律唱出优美的天籁之音！奉节一带划龙舟的号子丰富多彩：有游江的舒缓慢板，有胜利凯旋欢畅明快的高歌，也有过滩抢先热烈奔放的呐喊。

竞渡号子

嗨嗨吆，唉嗨唉嗨吆……
喊起号子扳起艄，一声低来一声高，
标滩好似龙显胜，下水也唱上水谣。

嗨嗨吆，唉嗨唉嗨吆……
滩前众人齐助威，百条船来都争潮，
船头那锣鼓震天响，船在了水面也如枕在了涛。

嗨嗨吆，唉嗨唉嗨吆……
屈子的花都开成浪，屈子的《九歌》都渗透滩号，
屈子的《九章》点染起龙舟，屈子的浪漫传千朝。

嗨嗨吆，唉嗨唉嗨吆……
这边女子包粽子，那头孩子向江抛，
鱼儿都做起驮工，水草也摇姿旋潮。

嗨嗨吆，唉嗨唉嗨吆……
江上一沸腾，舟舟都争先，黄色的褡裢白汗冒，
两岸一沸腾，声声全传威，激烈的号子连水飘。

嗨嗨吆，唉嗨唉嗨吆……
船头我的郎啊，把鼓再响点，争先先争气啊，船头郎啊、眉好！
江边我的妹啊，把歌再飘点，争彩先争靓啊，江边妹啊、嗓翘！

嗨嗨吆，唉嗨唉嗨吆……
大家齐努力，赶潮在潮头，浪尖都是险啊，重重渡难竞先笑！
赢得红花带，末者也披彩，友谊快乐第一，拳拳汉子最德高！

嗨嗨吆，唉嗨唉嗨吆……
平时的爷们奔小康，种地插秧开门面，爽朗面孔汗涛涛，
今天的汉子赛友谊，眉头项背宽脚板，欢乐声声透赛袍。

嗨嗨吆，唉嗨唉嗨吆……
大浪打来摆摆头，甩个跟头练个抛。
号子一喊浪低头，打个寒战山也摇。

据了解，能唱龙舟号子的民间艺人主要分布在四川新津县南河沿岸，都是从小在师傅的传唱下学会的，并在多年的演唱中不断继承和发扬。目前该县已将号子的历史背景、文化渊源以及传承体系等整理完毕，正在申报成都市非物质文化遗产。

端午、龙舟邮票

宣传赛龙舟最有效的方法之一是发行邮票，通过邮寄到达世界各地。我国最早发行的与端午节有关的邮票，是由早期商埠邮政机构——福州书信馆于 1895 年 8 月 1 日发行的高埠龙舟邮票，全套 9 枚。票图正中是一条由 20 多人驾驶的破浪向前的龙舟，背景有起伏的山峦，山脚下是喧闹的江河，河岸边有林立的樯桅和众多助威的观众。

100 多年前的福州商埠邮票，
描绘的是端午节闽江赛龙舟的情景

新中国成立后，龙舟两次登上邮资票品。2001 年 6 月 25 日端午节国家邮政局发行 2001－10《端午节》特种邮票一套 3 枚，是第一套也是迄今为止全面表现端午习俗的邮票。第 1 枚即为

中国邮政局发行 2001－10《端午节》邮票一套三枚——赛龙舟

中国邮政局发行 2001－10《端午节》邮票一套三枚——包粽子

“赛龙舟”，以我国传统的木版年画构图，两条龙舟你追我赶，舟上插着“风调雨顺”、“国泰民安”的彩旗，一派吉祥气息。第 2 枚“包粽子”的主图为用各种吉祥饰物装饰起来的粽子，代表如意的中国结、代表福气的蝙蝠、代表长寿的长命锁。左侧瓶中的菖蒲，是其在端午节题材邮票中仅有的亮相。第 3 枚“避五毒”主图是额头画有王字的蝎子，四周围着蟾蜍、蜈蚣、蛇、壁虎。2003 年国家邮政局发行 JP. 112《2003 中国·吉林首届国际冬季龙舟赛》纪念邮资明信片一套一枚，邮资图是以龙舟和雪花为中心的龙舟赛会徽，片图是千条相互追逐，交替领先的龙舟。

我国港澳台地区的邮政机构也分别发行有龙舟图邮票。台湾发行最早，在 1966 年 6 月 22 日发行的《民俗》一套 3 枚，首枚《赛龙舟》，采用传统画构图。在港澳端午节邮票中，龙舟甚至成了唯一的事物。中国香港发行最多，迄今已有 4 次：1975 年 7 月 31 日《香港节日》一套 3 枚，其中一枚《端午节》为七巧板拼图的赛龙舟；香港 1985 年 6 月 19 日端午节发行的《端午节》邮票一套 4 枚及小全张，邮票完全以赛龙舟为图，4 枚邮票首尾相连，可组成一幅完整的龙舟图；香港 1994 年 6 月 8 日发行的《中国的传统节日》邮票，分别展现端午节、农历新年、七夕、中秋节 4 个中国传统节日的来源及庆贺场面；1995 年 3 月 22 日《香港国际体育活动》4 枚套中的《香港国际龙舟邀请赛》，以写实的手法表现了由香港旅游协会主办的这项年度赛事。2001 年 6 月 25 日端午节，中国香港又与澳大利亚联合发行了《赛龙舟》邮票一套 2 枚，图案是齐头并进的两条龙舟，两条龙舟的背景分别为香港会展中心新翼和悉尼歌剧院。

中国邮政局发行 2001－10《端午节》邮票一套三枚——避五毒

中国香港于 1985 年 6 月 19 日（端午节）发行的《端午节》邮票一套 4 枚及小全张

澳门 1987 年 5 月 29 日端午节，发行了首套出现中文铭记澳门的《端午节》邮票，全套 2 枚，也完全以龙舟为表现题材，分别为《龙舟龙头》与《赛龙舟》。

澳门的《端午节》邮票

此外，台湾于 1967 年端午节发行的《中国诗人》邮票，邮票全套 4 枚，首枚就是大诗人屈原。1989 年端午节，中国台湾又发行了《中国古典诗词邮票——楚辞》邮票一套 4 枚以纪念屈原，选取了屈原《楚辞》中的 4 个著名作品的代表性名句，用诗意画表现，分别是《离骚》、《九歌·少命司》、《九章·涉江》、《九辩》。受我国影响，澳大利亚、越南、泰国、马来西亚等国家也发行过龙舟邮票，泰国 1997 年发行了皇室龙舟图案的邮票。

赛龙舟的特点

一、赛龙舟具有浓厚的巫术特征

赛龙舟除了具有一般巫术和民间宗教活动所具备的祭祀、禁忌、娱神等要素外，更具有巫术的本质特征。

首先，根据苗族民间传说，龙舟竞赛是：一为儿子报仇，渔翁烧死恶龙；二祈求恶龙降雨保丰收。传说把一般宗教认为神圣不可亵渎和侵犯的龙神或龙王，视作被人烧死的恶龙，是具有巫术观的特点。巫术观与宗教观正相反，认为一切客体都是可以征讨和控制的，施行巫术便是影响、征讨和控制客体的必要手段。据古籍记载分析，龙的身价分化，大概始于明代，很可能是受到了《西游记》、《封神榜》等神话小说丑化和贬低龙王的影响，才把龙分为两种：一种是历来象征皇权的善龙；一种是危害老百姓的恶龙。黔东南苗族传说的烧死恶龙报仇故事，只能产生于明代或明代以后，而赛龙舟则很可能起源于史前曾居住在我国东南沿海地区的东夷氏族集团。苗族先民也曾在这个地区居住过，据历史专家分析，他们就是东夷的一个支系，所以最早受到龙舟文化的影响。赛龙舟无疑是先民对生物龙崇拜和对其功能进行模仿的产物。所以，我们认为烧恶龙又祈求它降雨保丰收的传说，显然是次生态巫文化与原生态巫文化的结合。

其次，山神、祖灵、龙王庙是被作为巫术主体的同盟军来祭敬的，主要是祈求他们保障龙舟的安全，以达到龙舟赛这种巫术的胜利。如果说，赛龙舟是原生态巫术与次生态巫术的结合，那么，它的目的就是为了要挟和胁迫恶龙就范，完全体现了巫文化的本质特征。

再次，根据前面关于恶龙的称谓只能产生于明代或明代以后的分析，我们认为，赛龙舟活动中，被装饰得壮丽、威武的龙舟，不可能像传说中说的是恶龙的工艺化形象，它只能是苗族先民崇拜的、曾经称霸于水域的生物龙的象征。那么，它就应属于对自然力的崇拜的模拟巫术，不可能属于对超自然力崇拜的祈求巫术。

然后，赛龙舟时，从那波浪扬起疾驰的龙舟，挂满家禽家畜的龙头，以及水手们那威武、英勇战斗的姿态看来，又俨然一幅活生生的渔猎风俗画。因此，可以认为，赛龙舟便是原始先民的渔猎演习的演变，大概是在激流险滩中，曾有过舟覆人溺水的不幸遭遇，后来为了避免不测，才寄希望于巫术的手段，祈求先民本来就早已对其威力和影响由衷崇拜的生物龙。那么，龙舟竞赛也应是原始渔猎演习与巫术结合演变的遗存。

最后，为了充分揭示龙舟文化的巫术本质，我们不妨把视野扩大些，再对其他地区和其他民族的这类生活进行比较式的探讨。遇到旱灾时，苗族曾往龙潭中撒一种有毒的植物粉末，以胁迫龙王降水；有的汉族群众把泉水、井水掏干，在门口放置水盆，盆上插柳枝，以刺激龙王降水；云南傈僳族则以树条或竹条编一只方形箩筐，涂抹上稀泥，由属龙的人在上面点一堆火，丢入江中或潭中，或者以弓箭射龙漂，或者往江中撒毒药，毒死扁头鱼，借以威胁龙王。所有这些做法，都不是像宗教那样，对客体尊崇备至，诚心充当奴仆，一味屈从拜敬，讨好祈祷，而是一面祭祀，一面要挟，甚至武力征讨，力图影响、征服和控制自然力和超自然力。且看龙舟上那些剽悍的水手们，在鼓手的指挥和鼓舞下，奋力拼搏的精神，难道不是充满着一派杀气腾腾的巫术气概吗？何尝有丝微宗教屈膝膜拜的奴颜媚态呢？

二、赛龙舟的兴衰与时局、经济密切相关

赛龙舟与时局及经济兴衰密切相关。在抗日战争期间，时局艰难，生存都成了问题，只顾得口顾不得划龙舟。新中国成立后，龙舟的发展在“文化大革命”期间也受到了阻碍，赛龙舟被赋予“牛鬼蛇神、封建迷信”活动，不但竞渡被取缔，连龙舟都要通通销毁，各地的赛龙舟活动因此偃旗息鼓。党的十一届三中全会以来，时局稳定、经济繁荣，人民生活水平普遍提高，对文化娱乐活动也提出

了更高的要求，具有悠久传统和深受广大人民喜爱的赛龙舟活动，躬逢盛世，盛世的龙舟更加蓬勃发展。一到每年的端午节，我国的大小江、河、湖、海的沿岸，都好似披上了节日的盛装。群龙闹江如穿梭，岸上观众频喝彩，锣鼓声、爆竹声响彻云霄，到处呈现一派热烈欢腾，繁荣兴旺的景象。

三、赛龙舟具有体育竞技的特点

赛龙舟最初的目的是祛病保健康，到了唐代发展为盛大的体育比赛——夺锦标，如今成为时尚竞技运动。夺锦标不仅要有体力、耐力，而且还要团结协作、机智灵活，更要熟悉水性。这些都是长期锻炼的结果，绝非一日之功。端午竞渡是群众性的水上运动，对强身健体起到很好的功效。同时，古人把赛龙舟与祭祀祖宗神明有机结合起来，把祭祀神明与驱邪除恶、保境安民结合起来，从中获取信心和力量，起到团结和凝聚民心的作用。

四、赛龙舟具有弘扬中华文化的作用

赛龙舟向世界传播中华文化，在我国台湾、香港、澳门等地，端午节赛龙舟的风俗也十分盛行。受中华文化影响，亚洲地区的韩国、日本、越南等不少国家也开始引入自己的端午活动。近年来越来越多的外国人被中华文化的魅力所征服，国际友人对中国的了解不断加深，对中国传统文化也兴趣十足。一些西方国家虽然不过端午节，但是也开始“热情拥抱”端午节的标志性节目——赛龙舟。赛龙舟随着中华文化日益渗透到全世界，中国古老的传统文化正一步步走入世界各国的视野，在美国、俄罗斯、新加坡等国，赛龙舟正逐渐成为一项广受欢迎的时尚体育运动。目前世界上有 30 多个国家和地区开展龙舟活动，赛龙舟起到了传播中华文化，连接友谊桥梁的作用。

赛龙舟的分类和用途

一、龙之特征

明代李时珍集关于龙之形貌认为，龙是一个由多种动物拼凑起来的角色。论述总结了如下观点——《本草纲目》卷四十三中指出：“龙者，鳞虫之长。其形有九似：头似驼，角似鹿，眼似兔，耳似牛，项似蛇，腹似蜃，鳞似鲤，爪似鹰，掌似虎。背有八十一鳞，具九九阳数。声如戛铜盘，口有须髯，颔有明珠，喉有逆鳞。头有博山，又名尺木。龙无尺木，不能升天。呵气成云。既能变水，又能变火。”

民间艺人传承的画龙技法是：剑眉虎眼，狮鼻鲢口，鹿角牛耳，蛇身鲤甲，鹫脚鹰爪，马齿獠牙，四只脚上有火焰披毛，脊上有节梁，背上有椎刺，金鱼尾。这些关于龙的空间意象，颇接近于我们今天所见到的“龙”的样子。因此，是否可以这样说，前述这些关于龙之原型的说法，实际是从龙的拼凑起来的角色形象中逻辑地反推出来的。

龙

凡此龙之原型诸说，基本为推测之见，缺乏扎实的考古与文字学依据。如《龙凤文化源流》称“龙可能是古人当时见到并描绘下来的某种恐龙形象”，这显然有悖于常识。据研究，恐龙生活的极盛年代为中生代，至中生代末期已全部绝灭，当时地球人类远未诞生，也谈不上中华文明的存在，中华“古人”当时如何可能“见到”？那么，恐龙又怎么可能成为中华先祖创构“龙”文化意象的动物学原型呢？如果“古人当时见到并描绘下来的”是出土的恐龙化石，那也必须要有考古学依据及其说明。

二、龙舟的分类

龙舟，与普通船只不同，长短不一，桡手人数不一。竞渡龙舟要求便利、轻快、易划，所以狭窄而细长。船头饰龙头，船尾饰龙尾。一般以木雕成，加以彩绘（也有用纸扎、纱扎的）。龙尾多用整木雕，上刻鳞甲。船体呈梭形，两头窄，中间宽，普遍是两人一排同时划桨，所以各地方的比赛龙舟外形大致相同，只是船体的长度差别较大，船体长，桡手多，最长的龙舟可达50多米，乘坐上百个桡手，短的龙舟约10米，坐10余人。各地方比赛桡手人数并不统一，有的地方有严格规定，每年参赛桡手人数不能多不能少；有的地方桡手可多可少，但船上舵手、鼓手、锣手均各一人。目前国家体委规定，竞渡龙舟，长为13米，宽1.35米，深0.4米。划手20人，舵手、鼓手、锣手各一人，共23人。传统龙舟是根据龙的造型，结合舟的特点制造而成。龙舟可分为以下几类：

龙船舫

湖南汨罗飞凫式龙舟

赛舟，又称快舟，是专门用来比赛、竞渡的龙舟。根据舟船雕刻、彩绘的形貌分为龙舟、凤舟、象牙舟、龟舟、虎头舟、狗头舟、牛头舟、天鹅舟、蛇舟等。这些龙舟，虽然船身绘画了不同动物的外形图案，但是约定俗成，都统称为龙舟。

根据各地方龙舟绘制的色彩，绘画的风格、手法不同，将赛舟分为：青龙、乌龙、菜花龙、黄龙、五彩龙、飞龙等，对龙舟的称谓各地也存在一些差异；根据赛舟的船体大小和外形构造分为大龙舟、双体龙舟、独木舟等。

花舟。也称戏舟、彩舟、造型龙舟，这类龙舟往往外形宽大，其特点是：不参与赛龙舟，只在江面上停泊，供人观赏。这类舟船头、船艄也分别安装龙头龙尾，船的两舷彩绘龙鳞，船舱中建花轿式亭台阁楼，阁楼一般有上下两层，每层楼台装潢成五颜六色，十分考究。船体周身或插花，或插旗，或挂锦缎，或装裱对联文字，或装饰各种艺术造型，争奇斗艳，类似选美比赛，有的花舟还用于草台戏班的戏耍表演。清末与民国时期，在由袍哥公口和行帮公会联合组织的端午节日活动中，常以三四只货船串联在一起，用松柏、树枝、花束、绸缎、布匹绑扎装饰成彩龙船游浮于江。船前有龙头，后有龙尾，船上有歌有舞，鼓乐齐鸣。各种人物故事造型扎在中间主船之上，可谓有声有色，有动有静。

彩龙舟

巡游趁景

游舟。也称看船，赏船。这类船只是皇亲国戚，豪富商绅，官僚弟子制作或者雇用来观赏美景，品茗听戏，逛江游玩的画舫游船。如《淮南子·本经训》：“龙舟鹢首，浮吹以娱”——划着龙船在水上奏乐、游玩；《梦粱录》中记载南宋杭州“龙舟六只，戏于湖中”——有六只龙舟，在湖中游戏；《东京梦华录》卷七，记北宋皇帝，于临水殿看金明池内赛龙舟之俗。其中有彩船、乐船、小船、画

游龙的旗幡、罗伞、神龛、龙首、龙尾、龙牌无不精雕细作

舱、小龙船，虎头船等供观赏、奏乐，还有长四十丈的大龙船。其外观豪华考究，龙饰雕刻一应俱全，船上搭凉棚、摆仙桌，挂珠帘绸彩。端午节聚饮于船，或划拳行令，吟诗作赋，或邀票友轮唱互赏。

竞渡时，在游船上近景观赏，灵活、方便、自在。旧时赛龙舟现场的游舟，往往要比竞渡舟多。道光年间《白雪遗音》岔曲儿唱道："浮瓜沉李，水阁凉亭，阵阵荷风划龙舟。夺桥竞彩相争胜，锣鼓叮咚采莲歌，悠悠扬扬真好听，燕语莺声。"即是这种风俗的反映。

三、竞渡的用途

我们的祖先，在与大自然的抗争中，为了交通的需要、为了在江河湖海中捕鱼求生，创造发明了舟，可以说人类最早造舟的动因是为了满足生产劳动和交通的需要。人类文明和智慧的发展，在舟的创造时代就已经奠定了基础。

在春秋战国之前，赛龙舟就已经盛行于江南，特别是湘楚一带。龙舟起源的准确年代至今无法考证，但最迟诞生于战国时期是毋庸置疑的。最早有文字记载是《穆天子传》；秦之前古籍《大戴礼》记载"颛顼（zhuānxū，传说中上古帝王名）乘龙游四海"；战国时期伟大爱国诗人屈原，在他的诗词中多次描写龙舟，如《九歌·东君》中的"驾龙舟兮乘雷，载云旗兮委蛇"，在《湘君》中的"美要兮宜修，沛吾乘兮桂舟，令沅湘兮无波，使江水兮安流"、"驾飞龙兮北征，吾道兮洞庭"、"石濑濑兮浅浅，飞龙兮翩翩"，在《河伯》中的"乘水车兮荷盖，驾两龙兮骖螭"，在《天问》中的"焉有虬龙，负熊以游?"由此可见，当时的赛龙舟已经十分盛行了，那么早期的赛龙舟，其用途是什么呢?

生存需要。早期人类使用的舟：独木舟、木排、竹排，逐渐发展为木板船，为竞渡创造了条件。原始竞渡与渔猎时期的劳动生产与水上交通紧密联系在一起，人们有了舟，经常在水上活动，只要有两只或两只以上的舟同时发现食物时，先民们为了争夺食物，获取食物，自发性地就开始了原始的竞渡。

争战武器。从人类学的角度看，人的天性好争好斗。随着人类原始部落的产生，舟的作用就不仅仅是为了满足生产劳动和交通的需要了，其中重要的作用就是把舟用做战争的武器。古代战争除了陆地之战就是水上之争。漫长的人类发展进程，原始部落之间以及奴隶社会国家之间，为了土地、财富产生战争，舟的速度和质量就是战争成败的关键，所以必然要研究舟的水上性能和制造技术，于是，竞渡舟就出现了。作为战船，既要求灵活便捷，又要求快速。平时操练既是对战船的检验，又是对将士体能、意志、合作精神、技巧的锤炼。竞渡活动的性质到了商周以后发生重大变化，那就是由自发性转变为有组织、有目的、极具群体性和竞技性。《国语》载：“越王勾践乃命范蠡、舌庸率师沿海溯淮，以绝吴路，败王子友于姑熊夷……勾践率中军溯江以转吴，如其郭，焚其姑苏，徙其大舟。”战争促进了舟的制造技术迅速改进和发展。《中华古今注》载：“孙权，吴之主也，时号为赤龙……言如龙之飞于天。”描写的舟为红颜色，其速度快如飞箭。

《墨子》载：“昔者楚人与越人舟战于江，楚人顺流而进，迎流而退；见利而进，见不利则其退难。越人逆流而进，顺流而退，见利则进，见不利则其退速。越人因此若势，亟败楚人。”可见春秋时期，苏南的吴国，浙北的越国，其舟楫之多，水师之众，是相当可观的。在秦汉以后，船虽然越造越大，但龙形的装饰一直沿用至今。

祭祀载体。早期的图腾被作为巫人占卜的祭器，人类的图腾崇拜始终和人类的生存环境是密切相关的，图腾崇拜主要有三大类：一是对宇宙的崇拜，如太阳、月亮、山河等；二是对动物野兽的崇拜，如龙蛇、飞鸟等；三是对人自身的崇拜，如祖宗、先辈。崇拜——体现出人类对神秘的未知世界充满敬畏和探索的渴望。在中国的大江大河流域，人们共同崇拜龙，是因为我们的祖先曾无数次受到水灾的侵袭，而蛇却能够在水中自由自在，在远古和原始时代就产生了对蛇的图腾崇拜。传说我们的祖先——女娲是人面蛇身，实际上和对龙蛇的崇拜相吻合。著名学者李延在《龙崇拜的起源》

中指出："并非蛇变为图腾神物就是龙，而是蛇图腾在走完它的过程之后，转变而成了龙。龙崇拜已经是一种灵物崇拜。"《易经》中"乾卦"第一爻仅仅四个字"潜龙在渊"。龙——以其独特形态渗透到人们的生活中，数千年的历史是中华各民族大融合的历史，于是龙便成为中华民族的象征。而将氏族、部落进而整个民族的图腾移植到龙舟上，是中华民族龙舟的独特魅力。

节日主题。人们在每年固定时节祭祀竞渡，久而久之发展成为了节日竞渡。赛龙舟便成为端午节的主题活动，在湘北、鄂南、赣西北等地，有的地方因为水浅不能竞渡，便流行旱龙舟活动，不下水，但登高埠，或游街市，俗称"迎鬼船"。《江西通志》载："每当五月五日，城内造龙舟，以人装故事其上，一舟数百人，舁（yú，装载）之，行诸陆地，云禳（ráng，驱除）瘟气也。"节日祭祀的主要目的是驱灾祈福，而随着历史的发展，人们从竞渡中体会到了"水戏"原始竞争的乐趣，便加以总结，在农历固定的日子开展竞渡活动。关于我国节日竞渡的记载最早见于西晋周处《风土记》："仲夏端午，烹鹜角黍，进筒粮，一名粽；造百索系臂，一命长命缕，一命续命缕，一命辟兵缯（zēng），一命五色缕，一命五色丝，一命朱索；又有条达等织组杂物，以相赠送；采艾悬于户上；蹋百草；竞渡。"端午节"竞渡"之俗，均始于此。

娱乐目的。在数千年的历史进程中，从龙舟装饰的华丽程度，可以看出端午节赛龙舟的娱乐性和重要性。仅就舟头看，就有龙头、虎头、凤头、大狗头、鹢（yì，水鸟）头、青雀头、公鸡头等。封建帝王专属喜爱龙头，统治者为了显示身份、地位、威严，有时达到了穷奢极欲的地步，譬如《隋书·炀帝纪》中记载："八月壬寅，上御龙舟，幸江都。……舳舻（zhúlú，首尾衔接的船只）相接，二百余里"；《大业杂记》中记载龙舟的外观形状："其龙舟高四十五尺，阔四十五尺，长二百尺。四重，上一重，有正殿、内殿、东西朝堂；中二重，有一百六十房，皆饰以丹粉，装以金碧朱翠，雕镂奇丽，缀以流芳、羽葆、朱丝、网络；下一重，长秋、内侍及水手，以青丝大绳六条，两岸引进。其引船人，普名殿脚，一千八百人……”足见其奢华。《隋炀帝时挽歌者》诗：“我儿征辽东，饿死青山下。今我挽龙舟，又困隋堤道。方今天下饥，路粮无些小。前去三千里，此身安可保。”帝王的穷奢极欲虽已被钉上历史的耻辱柱，但从龙舟的华丽中可见一斑。

拼搏

纪念英雄。任何一种传统文化都包含着五光十色的神话和传说。人们认为，赛龙舟为了纪念某些英雄人物，各地、各民族有着各种各样的神话传说（在第二章有详细记述），主要是历史上某位英雄人物死后，人们为了纪念他，于是就有了赛龙舟，赛龙舟一是为了纪念这些英雄，二是赛龙舟的起源与这些英雄人物有关。从这些英雄人物本身的历史时代背景来看，这些说法显然与事实不符，如伍子胥和越王勾践是春秋时代的人，屈原是战国人，马伏波是汉代人，白洁夫人是唐代人，秋瑾是近代人。说明作为文化习俗的赛龙舟，在社会的不断发展变化过程中，自身也在发展变化。虽然不一定与社会的发展同步，但它在发展变化的过程中，增添一些新的内容和因素是非常自然的现象。因此，随着历史的发展，赛龙舟纪念的英雄们在不断地添加，都是后人的添加和附会。当《荆楚岁时记》第一次记载赛龙舟的起源与屈原有关后，纪念各种时代背景下的英雄人物就不断涌现开来，竞渡——“事在子胥”，“起于越王勾践”，“始于马伏波”……虽然不同历史时代，不同的地方传说不一样，但真实目的显然是表达相同的善良愿望：对实际的或虚构的英雄人物的崇敬与怀念。屈原是最具代表性的人物，赛龙舟起源于屈原是流传最广泛的，也是被社会普遍认可的，“节分端午自谁言？万古流传为屈原”。

第五章

赛龙舟的艺术与审美

赛龙舟，名词为“舟”这个物体，动词为“竞渡”。赛龙舟是民俗文化与宗教信仰的结合体，是人类历史遗留下的见证。设计和建造龙舟船体本身，就是历史的缩影，其融入了各民族的风格和特点，是中华民族手工艺品的传承。龙舟的竞渡艺术，则是考验人类的精神和体能，是人与舟相融的表现，是舟与水互补的和谐。龙舟，形象地反映了现实生活中的文化艺术活动。

在罗宾乔治·柯林伍德所写的《艺术原理》一书中谈到关于艺术的含义与起源——艺术是巫术，是娱乐，是表现，是语言，是想象。巫术与娱乐，都是情感的发泄与表现，我们可以认为，源于巫术性质与娱乐竞技性质的龙舟，是人类艺术的表现。而龙舟艺术，是人们为了更好地满足自己对主观缺憾的慰藉需求和情感器官的行为需求而创造出的一种文化现象，是人们在日常生活中进行娱乐游戏的一种特殊方式，又是人们进行情感交流的一种重要手段。龙舟艺术，就是人类用肢体语言去带动水上运动的一种展现，是人类用幻

蜡染龙舟

赛龙舟

想与希冀去创造出的虚拟的人类现实生活。

人们应用怎样的眼光与角度去观赏龙舟和赛龙舟？人们该带着怎样的心情去感受和体会龙舟的美与激情？请跟随我们的脚步，前往谜样的龙舟世界……

龙舟艺术

一、龙舟的造型艺术

龙舟就是将一种饰龙形（龙纹）图案，绘画于舟船，而使其像龙的形象，这也是龙舟称谓的来源。现在我们日常所见到的龙舟仍是这样：船头连接龙头，船体绘画龙鳞，船尾连接龙尾。古代用做竞渡的龙舟，因其形制、时代的不同和各地各民族对于爱国诗人屈原和端午节有不同的诠释，在龙舟的设计和制造及外观形象上都有着迥异的风格特色。

用来竞渡的龙舟，旧时的形制比现在烦琐了许多。有人将龙舟分为专职龙舟和业余龙舟两大类。专职龙舟是与竞渡有关的船，不作他用；业余龙舟则是以生产用船临时改装而成，竞渡后又恢复为生产用船。专职龙舟又分为竞渡龙舟、游龙、造型龙舟等。根据当今的竞赛规则，则有传统龙和标准龙之分。各种龙舟的构造大致相同，包括：龙身（包括桨梢或橹）、龙头、龙尾、各种装饰物和锣鼓。

龙头。大多用整木雕成。无论专职龙舟或是业余龙舟，龙头都是竞渡前才装上船头的。龙头造型千姿百态，根据各地风俗而定。数百年来珠三角地区的龙头分两类："鸡公头"和"大头龙"，各具特色。广州西江、北江两江流域，以鸡公头为主；东江流域的东莞、增城和博罗诸地则均为大头龙，南（海）、番（禺）、顺（德）也有，但数量较少。鸡公头长颈平头，古典风雅；大头龙龙头高高翘起，气势轩昂。鸡公头和大头龙均属传统龙，符合国际竞赛标准——属于标准龙。鸡公头——长约 45 米，人数在 100 人以上，除划手多外，其余人员与大头龙基本相同；大头龙——长约28米，一般每舟60人左右：划手54～56人，跳头（指挥）1人，鼓手1～2人，锣手2人，梢工1人，喝龙1人——拿着“龙棍”专门监督划手是否卖力的人，舀水1人。

龙身。标准龙身长为18.3米，额定人数为22人，只有一个鼓手，一个梢工，简单明了。标准龙是为了普及和推广，符合国际比赛的标准而引入的一个品种。传统龙与标准龙还有一个不同是：前者全为男性，后者有“男龙”和“女龙”，无论“传统”或“标准”，当今“混合龙”也在逐步被人们所接受。

龙尾。大多用整木雕成，充满鳞甲。龙船以外形色彩区分为赤龙、青龙、黄龙、白龙、黑龙等。不论船身、船上的罗伞旌旗等装饰，还是桡手们的服装乃至船桨，都讲究与船体协调搭配一色。

龙舟的大小按龙舟桡手的人数区分：3人、5人、10人的为小龙舟，长5～7米；20到50多人的为中龙舟，长17～23米；60到100人以上的为大龙舟，长30～33米；还有200多人的特大龙舟。

儿童装扮的故事中人物

小龙舟只有桡手和舵手，中龙舟配鼓手和锣手各一人；大龙舟配鼓手和锣手各两人。珠江三角洲一带因河床比较宽，人民生活水平比较富裕，故龙舟比较大，桡手60多人以上的算较普通，100多人的也不稀奇。

湖北、湖南等地的龙舟短则23米多，长则约32米余，划动时有如游龙戏水。福建的龙舟，船首雕刻龙头，口能开合，舌能转动。苏州的龙舟分成各色，四角插旌旗，鼓吹手伏在中舱，两旁划手16人。篙师执长钩立于船头，称做挡头篙。船头亭上，选面端貌正的儿童，装扮成台阁故事，称龙头太子。船尾高丈余，牵系彩绳，由擅长嬉水的小儿表演《独占鳌头》、《童子拜观音》、《指日高升》、《杨妃春睡》等节目。贵州的龙舟由三只独木船联合而成，中间较长的一只称母船，船上有鼓手指挥，两边的两只船身稍短，称子船。

清人范祖述在《杭俗遗风》中对西湖龙舟有详细的描述：西湖有龙舟四五只，其船长约四五丈，头尾均高，彩画如龙形，中舱上下两层，首有龙头太子及秋千架，均以小孩装扮。太子立而不动，秋千上下飘移，旁列十八般武艺，各式旗帜，门列各枪，中央高低五色彩伞，尾有蜈蚣旗，中舱下层敲打锣鼓，旁坐水手划船。古诗亦云：共骇群龙水上游，不知原是木兰舟。

苗族龙舟

贵州清水江苗族龙舟，船首安装硕大高昂的木质雕刻彩绘龙头，船尾插一束象征羽尾的芭茅。值得注意的是：龙舟上的鼓头与水手之间，必坐一位“雄衣”盛装打扮的妇女（现已由男孩乔扮），她的面前有一条蛇形立柱，上面挂着名为铜鼓、今已演变为锣的乐器，她的头上还必撑一把伞；龙舟的龙首之顶要雕一只鸟，这似乎和文献记载的“龙舟鸠首”相合。由此看来，它与台江苗族服饰上绣绘的“母祖成龙”形象，含义相当，龙舟节可能始于母系氏族社会兴旺时期；同时，从桡手站立划龙舟的习惯，又与西南地区出土铜鼓上的羽人划龙舟相似。在龙舟节的民俗活动中，显现出由母系到父系氏族公社的多层次的演进序列，这对理解出土的楚文化“人御龙”帛画和铜鼓上划龙舟的纹样，有了活生生的注释。

苗族龙舟
——挂满鹅和红布的龙头

江西靖安县的龙舟像鹅，明嘉靖四十四年《靖安县志》载：“五月五日，插艾饮菖蒲酒。裹米为粽，牲用鹅，赛龙舟。”临川县河西的龙舟像野鹜，清人李绂《金家渡哀竞渡诗》言：“红旗闪闪二十舟，伐鼓鸣金驰若鹜”，但其龙头则是多种典型动物的综合（鹿角、马鬣、骡脸、牛鼻、蛇嘴、鸭颈）。高安县的龙舟，船首（龙头）饰以既像狮子又像饕餮的兽状“吞口”，船体（龙躯）像鸭肚，两侧画有鱼鳞。浙江绍兴有泥鳅龙舟。广东番禺区和江西余干县还有凤形船。

民间传统龙舟造型尽管风格迥异，但都或多或少地保留着图腾的痕迹，传统龙舟无不体现出浓厚的图腾意识。从古至今，人们用属于自己民族的图腾文化，运用视觉冲击的创作手法，制作出各具特色的龙舟造型，通过民间习俗为传播途径，来传承历史悠久的龙舟文化艺术，表达对于龙舟、赛龙舟、生命的丰富想象力，使得人们在视觉、触觉、心理上产生了愉悦的、共鸣的情感升华。

二、赛龙舟的巫术艺术

巫术是企图借助超自然的神秘力量对某些人、事物施加影响或给予控制的方术。巫术通过一定的仪式表演，利用和操纵某种超人的力量来影响人类生活或自然界的事件，以达到一定的目的。巫术的表演仪式常常采取象征性的歌舞形式，并使用某种据认为富有巫术魔力的实物和咒语。“降神仪式”和“咒语”构成巫术的主要内容。

在春秋战国时兴起的楚辞中，龙是诗人幻想咏颂的对象。伟大爱国主义诗人屈原在脍炙人口的《离骚》中，以热情真挚的语句、丰彤荟蔚的修辞表现了他崇高的人格和强烈的忧国情怀。当时屈原因不见容于楚国的群小而欲上天去求贤女、圣妃，幻想自己也如仙人那样驾起龙车在彩云中遨游：“为余驾飞龙兮，杂瑶象以为车，何离心之可用兮，吾将远适以自疏。屯余车其千乘兮，齐玉軑而奔驰。驾八龙之婉婉兮，载云旗之委蛇。”

在他的另一组诗《九歌》中，屈原将民间祀神的巫歌进行了艺术的加工，注入了自己的挚热的情感，使诗句充满了奇幻瑰丽的浪漫色彩和摄人魅力。诗中描写的仙人大都有驾龙的神车，因而诗中有不少涉及龙的诗句。那么龙舟在许多少数民族心中的巫术地位与古时人们用于求雨、拜神等的祭祀活动，会和屈原一样，是出于幻想或是精神的寄托吗？

从划龙舟的游江、招魂、竞渡、回舟四个程序，到赛龙舟的造龙、起龙、朝庙、拜龙、请龙、接龙等所有的环节、细节，构成赛龙舟活动的自始至终，均贯穿了巫术活动的整个历程。故可以看出，赛龙舟实际上是民间流行的一种巫术仪式。

祭祖神

祭祀是向神灵求福消灾的传统礼俗仪式，被称为吉礼，也意为敬神、求神和祭拜祖先。原始时代，人们认为人的灵魂可以离开躯体而存在，祭祀便是这种灵魂观念的派生物。最初的祭祀活动比较简单，也比较野蛮。人们用泥土塑造龙神偶像，或在岩石、舟船上画出龙神形象，作为崇拜对象的附体。然后在偶像面前陈列献给神灵的食物和其他礼物，并主持祈祷，祭祀者则对着神灵庄严肃穆地虔诚朝拜、念咒、唱歌、跳舞。随着巫术文化的发展，祭祀礼节越来越复杂，祭品也越来越讲究，并有了一定的规范。古人通过巫术、偶像崇拜以祈福、辟邪、禳灾，进而祭祀祖神、娱乐偶像，顺便自娱自慰。

龙舟，也是巫术招魂的产物，在祭祀活动中发挥着重要作用，借偶像、巫术、法术的力量捆绑、巩固人际关系，以此带来“和谐”的社会关系。

保丰收

在农业生产中，最重要的莫过于风调雨顺，为了达到这一目的，人们想了种种办法，其中一种，就是利用赛龙舟，来祈求农业丰收。芸芸众生在巫风神雨下的竞渡仪式中虔诚地祈祷：雨停雾破、年丰岁收。贵州清水江畔的苗族人民，以前划龙舟时，每个人都身披蓑衣，头戴纸斗笠以示求雨。苗族龙舟节，并非为了纪念屈原的汨罗之死，而是重温降龙神话强调巫术求雨。因为他们相信，头戴斗笠的人们在划龙舟时，象征着人“乘龙在天”的巫术力量可以降龙，使风调雨顺，保证农业丰收。《农政全书·农事占候》记：“端午日雨，来年大熟。”这在颂扬祖先，尊敬天地的同时，也表达了人们对划龙舟与土壤气候变化和五谷丰稔的重视。

苗族人对龙的敬畏——实则是对洪水、干旱的害怕，渐渐演变成了对害人恶龙的惩罚，即象征水患。民间传说（第二章纪念保儿有叙述），一位老者把龙烧死后，龙的灵魂托梦给老者，把它漂在江面的尸体，分割给人们去划龙舟，这样就可以保证风调雨顺，农业丰收。

保健康

《延平府志》载："端午……舟人竞渡，俗云逐疫也。"人们认为赛龙舟能消除瘟疫。以前在医药落后的农村，一旦发生传染病，是非常可怕的，因为缺医少药，只有相信传统的巫术。《广东通志》载："南人凡病皆谓之瘴，率不服药，惟事祭鬼。"南方气候湿热，农历五月正当春夏之交，季节转换，传染病容易流行，人们生病不服药，只祭鬼，这时南方各处又举行赛龙舟。在人们心目中，龙舟的龙也是神，于是病急乱投医，认为划龙舟也能借助龙神的力量驱逐瘟疫。

保平安

还有人认为，龙舟可以消灾保平安。诸如疾病、死亡、歉收等，人们相信赛龙舟可以将这些灾祸消灭掉。苗族龙舟的龙头上，必装戴一对木制的形似水牛角的龙角，上写"风调雨顺，国泰民安"八个大字。据苗族老年人说，早期是用巫术咒语刻画符号。消灾是变消极为积极的办法，目的是为了躲避灾难，有的地方在消灾的同时，还积极地求福。

元人王振鹏所绘
《龙池竞渡图卷》

沿清水江各寨的彩绘木雕龙头色彩、造型，亦有严格区别。远古神话，敷衍成民间神话后，仍然可以看出原始巫术的影子。苗族老人保儿，醒来把梦告诉江边各寨的人们，于是大家去抢烧死的龙体，他们分别抢得龙头、龙颈、龙身、龙尾，以及龙的肠子，绘出金龙彩甲、黄龙彩甲、绿龙彩甲、红龙彩甲——因红龙代表火。《左传》就记载了古代有"火龙黼黻"与水龙对称，也是龙的一种，后来人们忌讳火，才禁止红色的龙参加竞渡，因为施洞杨家寨去的最晚，只得到龙的肠子，如今只能雕造浑身没有彩甲的青龙。这种对龙的分身法，仍然是对龙的一种又敬畏又惩罚的原始巫术观念，也是人们在幻想中企图征服自然、保一方平安的意识表现。

各地赛龙舟要举行祭祀仪式，如龙舟下水前，要备酒肉香纸敬祭。划舟的清晨，要先由寨中老人立于沙滩上作“地嘎哈”，即面对龙舟念诵祖源和龙的来历的咒语，并杀一只白雄鸡祭祀山神，念咒祈祷护佑船只安全。祭毕，锣鼓齐鸣，龙舟才驶入河潭，绕潭三周，然后驶向赛区。

避忌讳

前文已有提到，许多地方的赛龙舟，都忌讳女人参与活动。江西高安县、浙江余杭蒋村都不准女人划龙舟。在广州黄埔区一带，不但不准女人划龙舟，而且在龙舟从水里起来、未拜神之前的一段时间内，还忌讳女人看。要拜过神以后，才让妇女看龙舟。正像湖南汨罗市一样。以前汨罗人建新龙舟不让女人看到，认为龙舟沾了阴气，竞渡时会翻船，并且新龙舟造好，下水时也不许女人在场观看。

守禁忌

赛龙舟还有各种禁忌。如在龙舟上吃饭，不用筷子，要用手抓；饭菜的烹饪，要挑选被认为有福气的中老年妇女担任；蒸饭时，不准倒掉淘米水，甑（zèng，古代蒸饭的一种瓦器）口不让加盖，煮肉不准在锅里翻搅，肉汤也不让洒出锅外，饭蒸熟后，把鸡鸭鱼肉让在甑口，抬到江边置于舟中；留下的甑口，不准搬动，甑脚水也不能倒掉，妇女不能上舟，有女人坐月子和怀孕的人家，全家人都不能摸龙舟，水手不能挽裤脚，凡与“翻”，“倒”，“洒”，“泼”等词语同音、近义或者相关的一切行为都在禁忌之列。

娱龙神

赛龙舟是举行娱神的竞技活动。赛龙舟自然是模拟龙在水上畅游，借以娱神。不过，这里娱的对象，不可能是世俗传说中被渔民保儿烧死的恶龙。通过娱的手段，盼求降雨保丰收的目的，也是符合巫术的原始逻辑的。从竞赛前的祭祀仪式中，念诵祖源和龙来历的咒语判断，娱的对象是祖灵和龙神。

原始民族对龙神的最古老的祭祀，人们虔诚地相信龙神的存在，并认为它对自然与社会产生着决定性的神秘作用。当冬去春来、生命复苏、子孙繁衍的时节，人们就举行具有巫术意味的赛龙舟习俗，以实现人丁兴旺、龙神显灵的目的。应该说，龙神信仰是竞渡习俗最核心的信仰要素，它贯穿了赛龙舟民俗自起源以来的整个历程，尽管其间也渗透了其他一些俗信内涵，民俗样式也发生了很大的变化，但龙神信仰却始终发挥着巨大作用。也正是这一信仰基础，实现了竞渡习俗潜在的与整个中华民族对龙的特殊信仰的统一，“龙，不仅是一种文化实存，也是一种象征——它是一种信念，一种意义，一种精神”。

三、赛龙舟的宗教艺术

宗教是一种群体社会行为，神秘化的信仰。它包括指导思想——宗教信仰；组织结构——宗教组织，如教会，宗侣；行为规范——宗教组织内的活动，如祭祀、礼仪；文化内容——宗教建筑，宗教绘画，宗教音乐等方面的内容。它是人类在具有社会组织结构后，有意识地发展的一种社会行为，其根本的目的是培养和维护人的社会性，从而维护人类社会组织的正常运行。

在生产力低下、科学文化知识落后的古代，人们不能正确地认识自然，有效地改造自然，只能屈服于自然力，在各种灾难面前束手无策，于是只好祈求神灵的保佑来求得心理上的安慰。在这种社会中，许多民间活动都打上了宗教迷信的烙印。赛龙舟这一传统习俗也不例外，它从一开始就包含了原始宗教的因素。以后，在漫长的历史进程中，又打上了新的宗教烙印，于是，它所具有的宗教迷信色彩就更浓了。

宗教把对事物的误解和歪曲幻想作实际存在的事物本身。由于先民们对客观世界不理解，于是就产生了“神有灵”的观念。也正是这种观念，时常激发起先民们神秘而荒诞的心理因素，并成为他们在功利的行为仪式中，发挥主观能动性的巨大想象力和驱动力。在此过程中，我们看到先民们的原始宗教思维方式的基本单位是以直接依靠人的实践活动而得出的结论，也是生产力和生产关系发展水平低下的必然结果。而这种结果造就出了独具地方风貌的赛龙舟活动，并逐步形成了相对独立于异域风情的地方民俗文化。

宗教信仰

古代先民社会生活中的主要矛盾是人与自然的斗争。先民们必须做最大的努力才能保证自己的生存与发展，因而他们的一切活动，都是严格地与个人和集体的功利动机相联系，与热衷于保存和延续个人，以及他所属群体的心理情感混合在一起，纠缠在一起，并受其制约和支配。那些原始观念中与自己的生存和发展密切相关的事物，往往就成了他们的审美对象和依赖对象，人们崇拜它们而又惧怕它们，对它们倾注了自己的全部感情，甚至在自己的精神生活中把它们形象化、具象化和神秘化。在这种适应和改造的过程中，人们并不会仅满足于龙及龙舟的一般人格化，它还必须按照人们的意愿，来适应人们今天尚未达到、明天必须达到的追求心理的需要，并且在漫长的历史过程中，又打上了新的宗教烙印，如道教。于是，人们在创造出各具特色的文化的同时，它所具有的宗教色彩也就深厚了。

赛龙舟所包含的宗教因素亦如《岳阳风土记》所载："诸庙皆有船。"这种情形使先民们意识中浮现出来的"集体表象"或类化表象，完全沉浸在情感体验的浪潮中，获得一种情感的宣泄而达到心理上的平衡和满足，同时又使竞渡的表演始终保持浓烈的原始宗教情绪感染效果，便于世代传承。

人们的精神寄托"逢庙就烧香，见神就磕头"。有江河龙王要祭；山神、土地也要祭；火神、水神还是要祭，而且投身于赛龙舟活动尤为积极、虔诚的群体单位。尽管从表面上看一条龙舟代表一个自然村或一个社会群体，但在他们眼里，他们的龙舟往往代表一个同姓氏族的宗族或一个婚姻集团。因此他们看重的就是自己的家族名誉，信仰的也是自己厅堂上所供奉的"天、地、君、亲、师"。

于是对于自己的龙舟名号便索性以本家的字号为其命名。赛龙舟是当地百姓对各自信仰目标的虔诚信奉，它具有整体认同前提下的原始宗教文化的心理特征，它对沟通集团意识以保持虽因移民迁徙流变造成的割裂，但却依然完整的共同“龙舟”文化心态方面起到了决定性作用。当这些群体的所有成员聚集到一块儿，并借着共同的观念而结成一个强有力的社会群体，与自然或其他群体相抗衡时，信仰心理本身就具有一种团结的凝聚力，它既是一种宗教式的信仰体系，也是维系整体力量的社会结构。因此，龙舟直接涵盖下的群体，都会特别强调他们与之所信仰的神的密切关系，并深信自己源自所崇拜的神。然后再分享胜利以增强自己与群体的认同性，并借此来表达自己对生活对未来的美好期盼，表达对精神生活的追求，以满足自己的心理慰藉。

祭祀仪典

祭祀的对象大都是以本龙舟的龙神为主，但也须祭祀本团体平日所信仰的神灵。平日里，龙头和龙尾则安放在神庙之中享受香火，江西赛龙舟前要按道教的方式举行礼仪。因为龙头和龙尾代表的是龙的化身，须把它们迎接至舟船上与之结合在一起，才能算作是真正意义上的龙舟。所以祭祀仪典的第一个仪式就是酹酒祭神的“朝庙祭”。旧时飨宴酬酒祭神须由尊者或老者一人举酒祭地，遂谓位尊者或年长者为“祭酒”。本方众信士今天将要请龙归位于舟船，特请求神灵护佑。行三跪九叩大礼后，接下来再为“龙”披红挂彩，然后又在一片鼓乐鞭炮声中由年轻后生将“龙”请出神庙抬至河边，安放在早已准备停当的供桌中央，开始进行“祭龙”仪式。供桌前边摆好香炉，点一对蜡烛，食烹异品，果献时鲜，谓之“请龙饭”。供桌前的地上放有蒲团，划龙船的人都要去磕头敬香。然后须杀一只白色的大公鸡。杀白公鸡祭龙或祭龙船是因为白色洁净、祥瑞。

祈求风调雨顺，五谷丰登

中国是一个以农业文明而著称于世的农业大国，直到今天，中国的许多传统节日仍然是以农历为依据，这是因为这些节日与节俗最初的形成是与农耕生活密不可分的。二十四节气实质就是农事节气，而四时的祭祀活动更是与农业休戚相关。无论是“求雨”，还是“课晴”，都是随着农事需要和节气而定，目的只有一个：祈求风调雨顺，五谷丰登。在百姓的心目中五谷的丰收靠土地、靠水分。龙主水，而水又是龙的故乡。龙王布云施雨的观念已深入民心，对龙的尊崇以及祭龙，祈求龙保护一方百姓，是体现以农业治国最基本的生产活动的民事活动。国以民为本，民以食为天，亦充分说明了食物是百姓与大自然的根本情结。因而民间的一系列祭祀活动可以说都是围绕着“食”这个主题而进行的，赛龙舟也不例外。

农业是靠天吃饭的，风云雷电都是天上的神，天神支配着人们的一切行动。也就是说收成的好坏都是由天安排并掌握的，他们的命运则是由天定的。因此先民们也把农事与天事联系在了一起，有了收成首先就要祭天，要感谢并祈求龙王。时逢端午，对于生活在水边的农耕者而言，积极投身于赛龙舟之中，表现出他们对水与土的情感，对丰收的重视和眷恋，亦反映着他们对农业生活的良好愿望。从宗教心理角度看，赛龙舟涵藏着祈求丰收的动机。在竞渡活动中，人们企图通过“龙舟”与“龙种”之间建立某种积极的丰收增产的期望关系，这种期望关系是以农耕实践经验和原始的集体表象为基础的，人们试图通过操纵龙神（龙舟），或通过向龙神（龙舟）的这种赛力竞游的方式实现农作物丰收的农耕祈愿和生产性欲求，这种仪式曲折地透射出龙可致风调雨顺、丰收增产的原始文化信息。

祈求一帆风顺，出行平安

中国也是一个有着广泛宗教和多种信仰的国度。在封建社会，除了儒、道、佛三大宗教外，各行各业也都有其信仰和祭祀的神圣。但最普及、最大众，人人都拜祭的神圣当首推掌管水的龙神。

这样的宗教行为是由于生存技术的原因，人们受制于自然环境的状态一直没有得到真正的改变。因此，生存与祭祀这两大主题也就持续不断。凡是在水上行船走水讨生活，甚至是靠水生存的各行业，以及耕田种地的、打鱼摆渡的都会积极地参与其中。这是生活在“水网”地区的人，在舟楫以通往来的时代，遭受到自然灾害和对许多自然现象无法理解时，为保平安而自然地、自发地寻求神灵庇护的精神寄托。这也是他们看重并积极投身于竞渡以悦水神的根本原因。

四、赛龙舟的文学艺术

赛龙舟的文学艺术表现形式有：诗词歌赋、对联、说唱、号子等方式，但影响最大的当数诗歌。在众多的传统节日中，与诗歌、诗人关系最密切的莫若是端午。端午节除了赛龙舟、吃粽子，一些地方还会公祭屈原、办诗会。屈原约死于公元前278年，但屈原的精神却代代相传，且枝繁叶茂，硕果累累，荫庇和滋养着我们的精神世界。屈原是个诗人，从他开始，中国才有了以文学著名于世的作家。屈原的著作有《楚辞》、《离骚》、《天问》、《九歌》、《招魂》等著名优秀诗篇，他是中国文化史上的一个里程碑式的人物，被誉为“衣被词人，非一代也”；鲁迅称屈原作品“逸响伟辞，卓绝一世”，所以屈原也被誉称为中国诗祖，世界文化名人。屈原的诗歌，关于赛龙舟的内容有许多描写，前面章节有载录，此处不再赘述。

此外，一些历代著名的文学家、诗人、文人雅士，歌颂、赞美、吟咏赛龙舟，这些饱浸诗骚的古代文人，在他们的五彩笔端和灵魂深处，久久萦绕着竞渡风景、几多情愫，为后人留下了许多脍炙人口的壮丽诗篇，而歌咏赛龙舟广而多的当推唐诗。从《全唐诗》中可查得咏竞渡的诗颇多，以张建封的《竞渡歌》最为生动，令人如身临其境：“……鼓声三下红旗开，两龙跃出浮水来……”这首长诗说明参加竞渡的桨手们先要文身模仿蛟龙，竞渡结束，经过上书的手续才能解除文身，同时全诗详写了赛龙舟的景象。

歌咏竞渡的还有储光羲的《观竞渡》、白居易的《竞渡》、刘禹锡的《竞渡曲》及李群玉的《竞渡》等。在文人的心中，悼念和祭祀屈原，意味着透过悲喜两重天的翻转和升华，去追慕感同屈原的狷介和崇高，这些诗词不仅翔实描写了赛龙舟的壮美场景，还深刻表达了对屈原的怀念之情。诗词的内容真实地展现了从古至今，人们对于赛龙舟的内心情感和重视程度，诗词歌赋艺术的表现与升华，是缅怀先人的情愫，也是学习传统文学与艺术的途径，更是中国传统文化与民俗的完美结合。此外对联、说唱、号子等艺术表现形式，也为我国的民族文化传统艺术作出了一定的贡献，在文学艺术的篇章上也留下了浓厚的一笔。

赛龙舟的审美

人类创造的龙舟文化，是求知欲所激发出强烈的好奇心使然，是先民为了解答自然事物存在着的神秘感，从而创造出的视觉满足、听觉享受的艺术作品。对于古人而言，赛龙舟意味着一种寄托，一种灵魂深处的求索。

木雕艺术

剪纸艺术

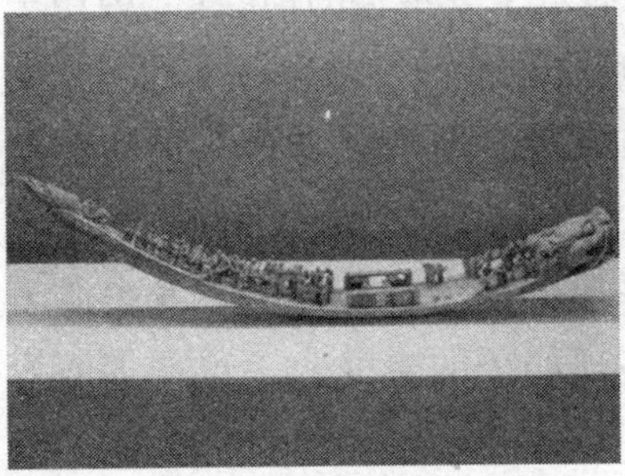

竹雕艺术

竹雕艺术

当人类尚未能够认识、把握外部世界时，总要用自己的意识、思想、精神去解释、填补外部世界的未知空间；当心灵与自然，可知与未知、不可知之间建立某种神秘联系，求知欲和好奇心就会激发创新思想，一种集合各种功能的美学作品诞生了。由于长期的衍化和嬗变，龙舟文化里的巫术形态，渐渐趋于宗教化、迷信化和娱乐化，而其宗教、迷信色彩又随着历史的发展而逐渐退落，娱乐性则相应增长，其原有的巫术素质也就演变为文娱、体育的新质态了。

赛龙舟本身是一种超越，是先民们对自然所采取的超越，也是人们认识未知世界，思维感知的结果。从某种意义上说，没有先民们的原始宗教与巫术信仰，也就不会带动龙舟文化的发展。甚至可以说，先民们这种宗教、巫术信仰的虔诚心理，超越了现实的需要，填补了内心虚幻的满足，从而避免了精神的崩溃，才得以代代相传，生生不息。赛龙舟传承的文化艺术，是先民为了创造生活之美、人生之美、情感之美，满足内心精神需求的超越。

赛龙舟不自觉与神秘巫术、宗教文化、神话、民俗相结合，人类从竞渡中展现原生态生存力量的完美，深刻体会原始族群团体的合作精神，激发人们的创造力和凝聚力，身临其境地体味到人类在生存和发展中需要的某种精神，与人们的道德情操、宗教信仰、情感寄托之间的完美结合。

一、赛龙舟的原生态美

身临盛况的古代文人对赛龙舟有着十分传神的描绘："鼓声三下红旗开，两龙跃出浮水来。"好一幅欢愉激奋、妙趣横生的场景，不仅荡漾起了人们久藏于心的呐喊和欢笑，还承载着弥久愈浓的对屈子的追思和敬奉。南方的赛龙舟，给青年、妇女及小孩子带来的兴奋和快乐，就绝不是生长在北方平原的人所能想象的！龙舟源于生活，取自于民，归功于民，即使是现如今的赛龙舟，也或多或少保留着龙舟浓厚的民间生活气息。

大江以南，凡是有河流可通船舶航行的，无论大城小市，端午必照例举行赛船。比赛现场是人声鼎沸，场面壮观，充满诗情画意，向世人展现力量与激情的阳刚之美，寄寓着各族人民丰富的感情和高尚的情操。凡是炎黄子孙，不管人在何处，一听到赛龙舟的锣鼓声，那种原始的眷恋祖国之情便油然而生。

阳刚之美

人民的文化生活需求，在不同的国家、不同的社会、不同的民族之间，以及不同的性别、不同的年龄之间是有区别的。它不仅表现在衣、食、住、行等方面，同时也表现在文化体育方面，精神生活方面，它是物质生活和精神生活的总和。赛龙舟，可以调解人们的生活压力，改善相互之间的人际关系。竞渡期间，亲戚好友，欢聚一堂，庆度佳节，共叙友情；老百姓探亲访友，联络感情，对于增加感情的交往，促进人际关系的改善，是很有益的。竞渡是一项集体运动项目，尽管平时有些小矛盾，但是为了本家族或整个团队的名誉，大家都会求同存异。在一起经历胜利、呐喊、挥汗之后，常常会将恩怨得失忘记，一同在这难得的气氛中放任自我，与团队群体一起欢聚。

劈波斩浪

赛龙舟的生活艺术就体现在这里。这是属于劳动人民的乡村艺术、汗水艺术、草根艺术、原生态艺术，属于平凡百姓的民间艺术、传统艺术，是人与自然和谐发展的显著表现。

二、龙舟的鉴赏美

随着时代的变迁与历史的潮流，龙舟也在不断更新以符合现代人的审美标准。早期创造龙舟之初，人们只是单纯地凭借龙舟来祭祀、纪念、祈福、祝愿，随着赛龙舟的发展，人们已经潜移默化地将龙舟的美与审美标准融入其中。作为一个重要的、具有普遍性意义的美学范畴，审美对

夺标

众人划桨

同舟共济

于不同事物有不同的标准，但其共同的特点和内涵还是基本相同的。

在赛龙舟的过程中，人们会不自觉地受到竞渡激烈场面的感染，龙舟的造型、桡手的服装、锣鼓的节奏、旗帜的色彩等等，感受现场视觉和听觉的冲击，即是一次审美的过程。

竞渡船上人员的站位结构——上下上，从物理学角度讲，是为了使船身稳定、前进、加速，从美学的角度来说，又是等比例的构图模式。在人们欣赏龙舟飞行的过程中，这项古老的运动与自然环境融为一体的构图，是动与静的交融，是经验与美的结合。

将赛龙舟与现实生活和知识经验相结合。这种美，是自然与原生态的美。由于人们面对的是很富有吸引力的、启发性的一种美的过程，自然会唤起对于龙舟的种种联想和想象，会加深感受和理解。人的青春、人的生活、人类的繁衍、人类的进步，本来就是五彩缤纷的，加上龙舟盛装上的强烈对比色，烘托出强烈的情感，和那服饰图腾体系的图像相呼应，这一切都是一种悠远久长，代表着审美意识形态物化的文化复合体，成为赛龙舟审美的典范。

第六章

龙舟的制作与竞渡

龙舟的制作

龙舟，顾名思义，是状如蛟龙的长舟。龙舟制作，从质地用料看，经历了四个历史阶段：第一阶段，是在民国之前。用料主要是格木、柚木、坤甸木，格木分布于我国浙江、福建、台湾、广西、广东等地，木材坚重，耐水耐腐，为造船上等的良材。所以古人也知道选择孔隙性密实，材质坚固耐用的木料，造出的龙舟身重体沉，吃水深，但划行阻力较大。第二阶段，是在民国以后到改革开放之初。用料主要是松木、樟木，这些材料容易获得，成船重量减轻，船速有所提高。第三阶段，是改革开放以后至20世纪末。选择用料已基本改为杉木，随着制作工艺和科技水平的提高，纯手工技术逐渐向机械规模化制造转变，造舟成本也在大大降低，龙舟的科技性能也在逐步提高。第四阶段，是21世纪至今。各种高科技含量的合成材料面世，特别是近两年，碳纤维、玻璃钢等合成材料的运用，改变了过去以木料为主的造舟工艺，合成材料以其更加优

龙头上色

良的物理性能，既节省了大量木材，而且造出的龙舟质地轻，外观美，寿命长，耐保养，划行快。本章主要以木材质原料分析以往龙舟的制作工艺。

几千年的龙舟制造史，经历了手工制作和机械化制作两个时期。手工时期，锯树、劈板、刨木等重体力工序，只能依靠人手，劳累繁重；进入 20 世纪 80 年代后，繁重的体力工序已为电动机械所代劳了。早期龙舟用料尺寸，师傅全凭经验和记忆，且手艺一般是师傅带徒弟，不轻易外传；到 20 世纪 90 年代，新型的龙舟现代化工厂从设计、下料、生产到成品出库，已完全使用电子化机械设备来完成。

史料载，在四川奉节，隋炀帝造龙舟，最大的船高 45 尺，长 200 尺，船上有 4 层楼。上层有正殿、内殿、东西朝堂，中间两层有 120 间房。那时，龙舟要几百人挽（拉）着走，挽船的人被称为殿脚，足见船本身是没有动力的。这种船的特点是坚固，能载重，要造成这样的船，需要特殊的技术。

东莞中堂是龙舟重镇，斗朗村的龙舟造船历史很悠久，已在 200 年以上。据斗朗村霍师傅介绍，其一家人造龙舟的手艺相传已有整整六代人，谈及斗朗村造龙舟往事，几个师傅有个“一夜成舟”的故事：民国时期，有个买主到斗朗村重金求船，坦言要求次日必须交货。为利所驱，斗朗村于是集中所有师傅，当时没有专门的龙舟制造厂，造船师傅聚合视生意而定，大家分工合作，分秒不怠，彻夜不眠，翌日保质交船，此船日后多次夺冠，被称作“过天星”，意喻快如流星。从此，斗朗村一夜造一条龙船遂成佳话，流传四方。

龙舟制作非常讲究，宽度仅能容纳两个人并排坐下，首先，要充分考虑力学原理，使舟在划行时阻力要小，划手坐在舟上还要保持龙舟重心平稳，不至于倾斜翻倒；其次，在各种恶劣的水域环境中，龙舟会不断受到波浪横向冲击及上下拍打的巨大冲击力，导致船体破裂，船毁人亡。所以船体的刚性必须能够抵御各种强风恶浪，坚固耐扒。所以建造龙舟是个技术活儿，做工上乘的龙舟，整个程序下来差不多 100 道，弧线、锯板、拼板、入榫等工序都有严格规定，造一艘工艺精湛的大龙舟至少需要1个月。官家造龙舟选用的是产自贵州深山的上好杉木，然后开线——切割、晾晒挥发水分，再一步步地精雕细琢，全凭手工。龙舟有个“吃水”的弧度，一般舟的长度很少超过42米。超过这个极限，每增加1米，技术工艺就要提高几倍。官家制造的最长的龙舟达46.9米，需要90多人才能划起，这已是龙舟的极限，应该是中国最长的龙舟。

一、龙舟的选料

造船的木头要求有足够的纤维，木材大、匀称、轻巧。这样造出来的龙舟表面光滑，在水中行进才能减少阻力。各地造船的选料存在差异，有些地区多选用坤甸木，取其结实耐腐；有些地方多用杉木，取其轻便；有些地方用樟木，取其防虫防蛀；也有些地方选用混合木料，升板、底板，即船帮和船底多用轻便木料。造大龙舟，最困难的是寻找木材。要寻找25米长以上的整木，将其切分成5片接成船底，这样造出的龙舟才会坚固结实，水上人家有句俗语“一日造船，千日过波”，意寓造出的船必须坚固美观，还要经受风浪考验。

竞渡龙舟的建造与普通船只建造过程有所区别，普通船只直接用锔、用钉、用卡子连接木板而成，竞渡龙舟一般要求轻便、易划，故外形比较窄长，为了在行船时船身平稳不晃动，多数的龙舟都有龙骨（一根长的方木穿过船底），俗称龙筋，多选用楸木、红椿木、樟木。竞渡龙舟是先按照龙筋的形状打造出“龙骨架”，然后再把木板安装上去。个别地方还要用麻扎竹篾绕船，目的是使船身更稳固。《武陵竞渡略》载：“船以杉木为之，取其性轻易划。得燥木为龙骨尤妙，一船司令全在龙骨生梗，桡软

龙桩把龙骨与龙筋紧紧相连

使船不进，皆龙骨病也。其次在篾，以麻扎竹相续为之绕船。首尾急束数十番，然后互相穿度勾绞如织，此一船之筋，以前后促紧如弓梢，船行身不动为良，否即易败也。”

湖南制作竞渡龙舟还有些特殊的习俗，制作龙舟首先偷树（第三章偷龙骨有叙述），以前制造龙舟都选用上等优质木材，所以龙舟也能够使用数十年甚至百年以上，不可能年年偷木料造龙舟。因而此俗也只是象征性地“乘”主人不备，顺手牵羊“拿”几节零散材料，用于每年竞渡前修补龙舟之用，或者做个桡片什么的。

苗族按居住的山寨共造一艘龙舟。造龙舟的树木要经过严格选择，要求挺直，圆周两人合抱。选中了树木，还要鸣锣击鼓告诉树的灵魂，然后由一位有威望的长者烧香纸祷告，请求树神原谅，树不能用锯锯倒，必须用斧头砍伐，把树木砍倒后，要在树根敬酒饭祭祀，以便树重新发芽再生，寓意树和人一样生生不息。对于砍倒的树木，按要求长度用斧头截断。由曾当过龙舟鼓头的人，持斧砍第一斧，再请木工趁树木水分未干时，只准用斧头挖成独木舟形，树长约五六丈，做成母子舟。龙舟的龙首木材，专门选用清水江边自然弯曲的大树，雕刻成龙首后彩绘。这种龙舟的制造方法，保留了原始社会造舟的古制，成为研究原始社会制造水上交通工具的“活化石”。

二、龙舟的建造

传统龙舟的整体建造结构包括龙头、龙尾、龙骨、龙肠、缸板诸部分，活动部分有木桡、龙梢、龙船鼓、双（前、后）铜锣、龙棍及龙旗等各种装饰物，在“文革”前，不少龙舟的尾部还有一尊小神像，最尾端插一小龙旗，有些龙舟插旗现在还保留着。国际标准龙气势不及传统龙，但船身均漆上“龙鳞”，亦是一大象征，传统龙舟涂漆龙鳞的很少见。论“辈分”，标准龙当然是“孙辈”了。

竞渡龙舟外形，是两头窄，中间宽，船头正面上窄下宽呈梯形斜平面状。有些船头正中处装饰有一圆球形凸出物，谓之“龙蛋”；船尾呈“V”形燕尾状；船底呈圆弧状，形若黄瓜，故谓之“黄瓜底”。船长五丈九尺，包括龙头尾，约合 16.5 米，寓意龙有九五之尊；前后舱为三尺二寸，约合 0.896 米，寓意三平二满；中间舱为五尺五寸，约合 1.539 米，寓意龙船用于重五节。

福建长乐市江田镇三溪村，因潼溪、北溪、南溪三条溪河穿村而过得名。三溪村的龙舟品种繁多，有不足 1 米长的玲珑小舟，专供 10 岁左右的孩童戏耍；有近两米长、安上竹篷的小舟，供十五六岁的少年下溪竞斗；还有 30 米长、26 个座位的龙舟，为成年人竞赛专用。

一般来说，龙头与龙尾属于木雕工艺，大多用整木雕成。制造龙头工艺比较复杂，有选料、开料、勾画、放样、雕刻、打磨、抛光、上色等十几道工序。根据不同的地方特色，每件龙头的须、眼、角、鼻、嘴、牙、唇、眉、腮、腭等均有不同之处，其大小、外形、质地也不尽相同。只有在竞渡前才安装在船上，这是龙舟与其他船只相区别的主要标志。《东莞县志》载：“龙头角精彩，耳目俱活……龙髯去水二尺，高六尺，额与项可坐六七人。”可见龙头之大。《合川县志》载：“道光初，有方义兆自武汉归，峡门阻水，晚间有物触舟，鸣桡夫以竿导之去，少间，触如故，破晓视之，则黄荆树兜之，而龙形肖焉，遂载归于巫峡。……越日一琢而成，其物中空如喉管，然又得鹿角一双饰其首，凡自合至夔，万龙舟之有龙首，无似此者。”这个用鹿角“饰其首”的龙头是很精致奇怪的，以致“方龙舟之有龙首，无似此者”。

除木雕龙头外，解放前四川省成都市五通桥还有用纸扎的龙头、龙尾。浙江余杭县五常乡金家塘村的龙头用纱布做成，称为“乌龙头”。每年做一次，赛龙舟之后烧掉。浙江鄞州区的龙头、龙尾都画在船上。云南大理海东区的龙船有的是在船头画上二龙抢宝的图案。台湾台北县松山的龙船，只是在船的两边画上一对彩色的龙凤，台湾士林人也是将龙画在船上。还有将龙头刻在船上的，《叙州府志》载：“船长三丈许……首尾雕刻龙矩绘以五彩”，《广西通志》记：“舟有十五数只……头尾皆刻龙形。”

龙尾大多用整木雕成，刻满鳞甲，各地虽然也有一定的差别，但它不是龙舟的主要标志，显得不那么重要，故此有的地方比较简单，如江西高安县云阳镇的龙尾一般是用两块有花纹的木板，一边插一块在船尾即可。有些地方的龙舟甚至只有龙头，没有龙尾，如广东大头狗龙舟就是这样。

所以，我们看到的龙舟的龙头、龙尾并没有统一标准，不论是形制，还是所用材料，各地均不完全相同。而锣鼓龙旗装饰等花哨的东西更是没有一个标准的。

赛龙舟前还要调校龙舟的“刚度”——根据桡手总重量而确定船两头翘起的高度。在“龙肠”与“龙骨”之间，每隔80公分左右，有一篾结相连，中间插入一木楔，木楔插入紧些，结便抽紧，船两头随之翘起，船的刚度便可随意调校。现代龙舟上还有龙桩，长舟上前、中、后各有一个，它们的作用是把龙骨与龙筋紧紧相连，使船整体更加牢固。每个龙桩由三块板子构成。

三、第一龙舟

中国第一龙舟。2001年，号称“中国第一龙舟”的“荆州号”龙舟在湖北省荆州市下水。该舟全长69米、宽2.38米、型深0.7米、重23吨，共需160名划船手，船体由九条龙构成。其主体部分形似一条浮在水面游动的巨龙，两条“小龙”相伴两侧；船头船尾分别立一龙柱，似两条钻出水面的小龙向上升腾，龙柱高4.8米，直径0.24米；船体中部是四条龙组合而成的高6米、直径为1米的大龙柱，如“四龙戏珠”。龙舟还装置了喷烟、喷水等设备，安装了转轴，使龙头、龙尾可以转动，上部进行彩绘艺术设计，已经正式获得吉尼斯纪录授证。

号称“中国第一龙”的龙舟长72米

广西第一龙舟。2008年，广西最长的龙舟游船——桂林东郊九娘祖庙老乌龙船重现江湖，该船长58米、宽1.73米；船头高56厘米、船尾高73厘米，载重超10吨；全船有船舱53座，可容纳桡手、旗手、锣鼓手、唢呐手和舵手共150余名，堪称广西龙船之王。该船的规格和形制，是由村中的龙船前辈们几百年来口耳相传继承下来的。由于老乌龙船的长度太长，桂林的很多船厂都不敢承接，60年前曾参与过制作58米长船的老师傅所在的平乐县造船厂承担该任务，该厂几十年来，还是第一次做这么长的龙船。以船上每人60公斤重来计算，长船承载的重量就近10吨，还不算划船时的作用力。

号称“中国第一龙舟”的“荆州号”

四、造龙仪式

打造龙舟是一件神圣的事情，因而也就有许多庄重的礼仪和必要的规矩。打造龙舟过程中的礼仪或者所谓祭祀规矩在千年流传中产生了许多变异和分化。人们只能依据仅存的习俗附会上种种想象，并以讹传讹发展至今。据说，锯好树种后将其搁置在木架上，由领头的请一个木匠掌脉师，选一个良辰吉日，举行祭木仪式。在开工前三日开始沐浴斋戒，禁女色，禁食鱼类海鲜。祭木仪式大体上与龙头祭仪相同，祭木时间一般选在子时，制龙舟不像雕龙头神秘，但在祭木时，要封禁，除领头的和掌脉师等在场以外，其余闲杂人员不准在场，特别是女人不准偷看。领头的和木匠掌脉师

广西第一龙舟船桨

广西第一龙舟
——九娘祖庙老乌龙船

都要顶礼膜拜，念神咒，掌脉师最后反身将斧头劈在树上。祭木之后，掌脉师按龙舟划手人数计算下料，全手工锯木切割，要求计算精确，船上划手等人位置比例匀称协调，船上的装饰和搁置空位一应俱全。船边的水平线以中点为标准，误差在一寸三分（4.33 厘米）的范围内，水平线过低船就慢、水平线过高船就会沉。小龙舟的制作速度非常快，一般不超过三天，有时一天一夜即可。沅陵龙舟赛中，有输船者打碎桡片，砸烂龙船的习俗。表示自己输船不输人，然后连夜偷料赶做新船，第二天再战（第三章毁船部分）。在造船的整个过程中慎言语，忌讳说沉、翻、反、慢之类的字眼。参加制龙舟的人员，除掌脉师收包封和一斗米之外，其余人等一律不讨收入，还要自己管饭，积极配合掌脉师做事。铁匠钉具都由捐送而来，体现了一种无私无畏、团结奉献的友好精神。

贵州清水江畔的苗族，在选中造龙舟的大树时，要用一升米，一点酒、肉，烧香放鞭炮祭树，请师父（巫师）念经。祝树木成龙，并用麻和红布将树捆上，然后才开始砍树。可见，在他们的心目中，本来是平常的树木，一旦选中用它造龙舟，就认为它成“龙”了，具有了“神”性，实际上这是人为地赋予树木的神性。

在闽南地区，龙舟通常是某个自然村的公共财产。水上人家有句俗语“一日造船，千日过波”，意即造出的船必须坚固美观，才能经受风浪，故造船的重要性丝毫不亚于岸上人家建房，“礼路”丝毫马虎不得。钉船板犹如建房的奠基，还要举行“奠基典礼”，摆上供品祭拜。特别是在“点睛”这一重要环节，还必须举行隆重的仪式。

传统赛龙舟

传统的赛龙舟是指按传统习惯进行的，与现代体育比赛不同的竞渡方式，排除作为体育活动加以组织比赛的竞渡。传统的竞渡形式，从许多古文献和地方志的记载看，仿佛赛龙舟就是夺标角胜，进行速度比赛。其实这仅仅是赛龙舟活动中比较激烈、引人入胜、具有代表性的场面。除此之外赛龙舟还有龙舟游乡、龙舟集会、自由竞渡、有组织的竞渡等其他传统比赛形式。

龙舟游乡：龙舟游乡是赛龙舟中不太引人注目的活动。一般是在赛龙舟期间划着龙舟到熟悉的或者有亲戚关系的村庄去游玩，有的是专门去游乡，有的是去参加龙舟集会，有的是在竞赛前后顺路或绕道去游乡。

龙舟集会：是赛龙舟活动中最普遍的活动方式，大体上可以说凡是有赛龙舟的地方，就有龙舟集会。在一些比较大的村镇附近，有适合赛龙舟的河流、码头、湖泊，这些地方很容易形成龙舟集会的场所。在无人组织的情况下，虽然龙舟去集会地点竞渡，来去自由，但大多是在竞渡集中的某一段时间内。有的地方集会与当地河水的涨落有关，一般是河水涨到最高峰时，赛龙舟也是高峰期，集会的龙舟也是最多的。

自由竞渡：龙舟的自由竞速，许多地方是两只龙舟比赛，有的数量多少不论，自由组织发起邀请赛。在江西省高安县云阳镇，以前的竞渡没有严格组织。对人员、船只均无任何规定。比赛时自由结合，两条船一组从浮桥划到石桥，再回到浮桥，领先为胜。比赛不限定次数，可以自由地和许多船比。

汨罗和绍兴的“并一船”的竞渡，是一种自由组合的竞渡形式，在汨罗，当两船行至并列时，甲方舵手对乙方舵手大喊：“并一船?”若乙方愿意便大应一声：“来!”然后双方约定终点，便开始竞渡。在绍兴，几条龙舟并行到一起便开始竞渡，先约好终点，以锣声为号，先到者为胜。

有组织的龙舟比赛：这里所讲的有组织的龙舟比赛，与现在作为体育活动的比赛不同，它是按传统习惯加以组织的比赛，有的仅仅是稍加组织而已。重庆忠州古城，任何一艘龙舟如果认为自己处于劣势，都可以随时掉转船头，重新选择时机，不存在弃权的问题。已经划出的龙舟少了对手，也就得依照不成文的规矩掉转船头，把船划到下游，重新开始。这样几经反复，直到三方都认可了，竞渡才真正开始。整个过程自始至终都没有一个统一的起点。假如某一方始终不能定鼓出发，甚至到了非出发不可的时候还不定鼓，就叫做“输了码头”，这是奇耻大辱，不仅要受到其他码头，也要受到本码头和岸上观众的耻笑，习惯上人们都是宁输名次不输码头的，硬着头皮也要定鼓出发。

台湾早期的赛龙舟，将划手分成两队，各划一只龙舟（普通龙舟分划手 15 人至 25 人），比赛信号发出后，坐在龙头的领队，立即打鼓指挥，作为大家划桨的拍子……比赛的胜负，以夺得插在远处河上一面旗子为凭据。划龙船往往连续数天，甚至于相同的两队划手在不同的水域，再次相遇竞渡夺标。像这样只能说是稍加组织的比赛，不但对船只、人数没有严格规定，就连稍稍正式一点的比赛规则也没有。

一、竞渡选址

龙舟游乡，对水域的要求是无所谓的，村庄所在地的河流、小溪、水潭、码头，都可以是各村龙舟游乡的场所。如果是集会或比赛，那对竞渡的地点就有一定的要求了。《苗疆闻见录》载：“苗民好斗龙舟……竞渡于清水江宽深处。”可见在清水江，不是每个河段都可以作为竞渡地点，而是选“宽深处”，便于龙舟集会。《武陵竞渡略》载：“江南上至段家嘴，下至青草嘴。江北上至上石硊，下至下石硊，面势阔远，堪为赛场。”同样也选宽阔的河段作赛场。《顺德县志》卷三《舆地略》载：“龙江岁五，六月斗龙舟，斗之日以江深之不大不小，其水直而不弯环着为龙船场。”这些记载说明龙舟集会、比赛的河面要不大不小、直而不弯。河面不太大，能使龙舟较为集中，气氛热烈，也便于群众观看，河面太小，太窄，龙舟无回旋余地，是无法集会、比赛的。

以上只说明了竞渡地点的自然条件，最重要的还是要有人气，赛龙舟不只是龙舟的活动，还是观众的活动，龙舟多，观众多，气氛才会热烈，所以比较大而有名的竞渡地点，往往在比较大的城镇附近。湖南省汨罗市的竞渡地点多选在屈子祠邻近的江面，以及相传屈原投江的沉沙巷、河夹塘镇等地。其中河夹塘镇水宽流缓，又是方圆 30 里内的大镇，故竞渡规模最大。在江西省高安县云阳镇、广东顺德区大良镇，都有大小适中的河流穿城而过，将城一分为二。由此可见，竞渡地点包括了自然水域和城镇河流两大因素。这些水域条件好的地方比较容易形成较大的竞渡地点，可见人气和水域环境二者缺一不可。西双版纳的洛江，解放前曾有过赛龙舟，但这里地处边疆，地广人稀，观看的人不多，后来就不再竞渡了。竞渡地点，特别是较大的竞渡地点形成以后，附近的龙舟都会到此竞渡，逐渐形成规模效应。

二、挑选龙舟

除了专门用做竞渡的龙舟，还有一些平时的生产用船改装而成的业余龙舟，也积极踊跃参加传统的赛龙舟。组织者一般会挑选比较好划、轻盈跑得快的船，装上龙头即可。

在云南大理海东区挑选龙舟还有一套程序。海东区的龙舟大多数是用平时运输的大帆船改装而成，一般是在赛前一个多月，参赛的各个村庄就要挑选龙舟。以前各村挑选龙舟的方法不尽相同，大多是自愿报名，即船家的主人报名申请今年用自己的船，代表本村参加比赛，一般一个村庄只需要一条船，如果是几个船主同时报名，就要到本村的老庙去烧香、磕头，然后采用抽签或卜卦的方式，确定本年的参赛龙舟。

凤凰县城的兼职竞渡龙舟

凤凰县城的兼职竞渡龙舟——站立姿势

过去海东区的海岛选龙舟的方法，是当年在哪条船上出现过蛇，这一年就必须用这条船比赛。现在选船已不采用这些方法，由本村的主持人挑选哪条船好，划得快，就相中哪条船比赛。到了五月二十四日，各村还要试水选中的船，让划手在本村附近的洱海中操练一番。

三、传统竞渡技术

斗龙经。就是赛龙舟的要领，或者说是竞渡实践中总结出来的技术要求。竞渡时，首先看划手间的整体技术配合，所有划手应紧靠两侧船舷发力，所有划手的划桨路线应该是两条并行前进的直线；其次看鼓手与划手整体的技术配合，鼓点体现整个队伍的战术策略，必须一呼百应、全体配合；最后是舵手与划手整体的技术配合，舵手的作用于无声处见真功，行家里手也往往是观察舵手的表现。各地的地域特点和龙舟的形制不同，斗龙经也是不同的。浙江温州地区的龙舟迷总结了六条斗龙经：一曰鼓要响；二曰桨要齐；三曰艄要正；四曰缆要紧；五曰掉头快；六曰腿贴（船沿）紧。

桡片

船员。传统龙舟少的有十几人，多的近百人，传统龙舟最常见是 30～70 人，这么多人要步调一致，让龙舟行动自如，就须各司其职，服从统一指挥。一般来说，船上的基本成员为：①桡手：负责划船前进，是船上的动力，须年轻力壮的人担任；②艄手：负责船行驶的路线和方向，须有技术的人担任；③旗手、锣手、鼓手：发号施令，起指挥作用，须有经验的人担任。

站姿龙舟

划姿。首先，我们从桡手的划水姿势谈起。一般说来，桡手都是两个并排坐在龙舟上，采用坐姿划桨。《叙州府志》载：“每船以十余人，执短桡，坐而划之。”但也有一些地方采用其他姿势划桨。湖南汨罗，平时是坐姿划桨，比赛时桡手的体位则变成低头跪姿，奋力划水；贵州清水江畔的苗族是站立划桨；福建西部地区有单膝跪着划桨；江西临川县为跪姿划水；而湖南株洲市楼扣镇的农民

“既能坐划，也能蹲划，又能立划”。虽然有各种划船姿势，但还是以坐姿最为科学和常用。

兰溪型双桡式

旗手、旗语。头、尾旗手是龙舟的两只眼睛，犹如战场上指挥的将军，是赛龙舟活动中的灵魂人物。旗语是用来联络全体船员互相配合默契的一种信号。竞渡前，旗手要熟悉水文情况，准确视察前方水道，根据不同的水域和流速，选择有利方位和航行水道，以避开暗礁湍流。竞赛时，全体船员全靠旗语联系，统一行动，步调一致。一艘传统龙船，短则七至八丈，长则十三四丈。站在船头挥旗的叫头旗，站在船尾挥旗的叫尾旗，头、尾的旗语相同，击鼓者时刻盯紧头、尾旗的指挥。当赛龙舟时，岸上水上锣鼓喧天，鞭炮齐鸣，哨声不断，旗手此时临危不乱、从容镇定，旗语手势单手左右挥舞；当龙舟疾如箭镞般穿过惊涛骇浪，旗手站立在窄而尖的船头上，稳如泰山、气定神闲，旗语手势单手左右挥舞改为双手上下挥舞，活像大刀凌空猛劈。号子声由一呼一应，变为众口齐呼，鼓点与旗手合拍，号子与船桨齐下。手旗扬起，全船大喊：“嗨！”手旗劈落，全船大喊：“佐！”气势磅礴夺人，节奏由缓转向急促，冲向终点。在整个竞渡活动中，头、尾旗手是最引人注目的人物，是赛龙舟的总指挥，船上的主艄（舵手）看旗手指挥掌舵；锣鼓手视旗手的动作敲打；桡手则听锣鼓声改变桨法，全体船员相互配合、协调一致、变换自如。像《武陵竞渡略》记载的一样：“行船以旗为眼，桡以鼓为节，桡齐起落，不乱分毫。乱者黜之，谓搅桨手。”

常用的几种旗语：

左转弯——旗手执旗向左方挥点。

右转弯——旗手执旗向右方挥点。

停　船——旗手高举旗向上直竖画圈。

转　身——旗手高举旗向上横画圈（圈头：桡手转身将尾作前

大龙鼓

鼓手

端）。

鼓手。当龙舟没有旗手时，鼓就是指挥的口令。所以俗语说："鼓是令，艄是命。""听鼓下桡、锣听鼓响"，湖南汨罗江一带游江划"太平船"，鼓点节奏是"咚，咚咚咚！"贵州清水江是"咚咚咚咚咚！"台湾是"咚咚咚！"现年78岁的戴伯是下四社的村民，早在50多年前他就一直承担龙舟比赛的"鼓手"，戴伯谈起年轻时训练的情景，眼神里满是追忆：当年自己是龙舟中最核心的指挥，整村的男人都训练，从天光划到天黑，一刻都不停歇，所有人却感觉不到累，反而很高兴！比赛拿到好名次还有烧猪作为奖励，全村人在一起吃。

赛龙舟开始时，鼓点是"咚咚！"当竞渡进入白热化时，鼓手将双槌交替敲击改为双槌同时猛击。冲刺时，几乎所有龙舟的鼓点都只是一声"咚！"而且急如骤雨，和急促的锣声相应。安徽巢湖相邀竞渡，是由鼓点传达信息的。"咚咚咚咚咚咚！"连击六下，便是向对方挑战。"咚咚咚！"三击一组，那是挑衅的声音。岳阳地区，古代以"咚！咚！咚！"三声鼓响发令作赛，张建封《竞渡歌》载："鼓声三下红旗开，两龙跃出浮水来。"有些地区的龙舟，头尾可以通用，头尾不分，往返竞渡时只需要桡手转身划水；有些地区的龙舟，龙头自始至终保持在前端，所以鼓点是指挥桡手的主要环节，"听鼓落桡，擂鼓圈头（掉头），闸水转身"，这是鼓手、桡手耳熟能详、心领神会的要领。

传统龙舟鼓点主要有两种，是根据竞渡起桡、途中桡、冲刺桡及不同水域而定的，在水面较为开阔，水流较急的水域，鼓点相对密集，多用“双蹄鼓”又名“双马凼蹄”。即：泳隆隆 泳隆隆｜ 泳隆隆 泳0｜，近似2/4拍子，指挥桡手快节奏划水，也是竞渡时起桡和冲刺桡常用鼓点；在水面相对狭窄，水流平稳水域，鼓点相对宽松，多使用“单蹄鼓”又名“单马凼蹄”，即：泳隆 泳隆 泳隆泳 0｜，强弱节奏近似 4/4 拍子，指挥桡手入水深，划水长，也是竞渡途中桡常用鼓点。

船倾覆

船已经没入水中，
鼓和神龛在水中浮起

湖南益阳龙舟指挥号令十分独特。国际国内的标准龙舟赛事中都是以鼓点作单一号令，而益阳龙舟是鼓和锣的配合，使其形成“咚—锵—咚咚锵”的打击声乐，和谐而富有节奏性，开始比赛时配备的数支三眼铳为又一号令，铳所爆发的巨响使划手为之振奋，火药的冲击力成为龙舟前进的助力，铳的巨响十里之外都能听见，资江两岸只要听到龙舟的鼓响和铳响，在数十分钟内就能聚集数千人甚至数万人。

舵手。龙舟上舵手的地位当然不容忽略，掌舵要有相当的技巧。一方面使龙舟保持正确直线方向驶向目标，并使船头略为翘起以加快速度；另一方面在遭遇强猛水流冲击时，必须把持得住，否则船一偏斜，不但影响速度，还可能有造成倾覆的危险。

由此可知，龙舟上的每一个人都负有影响胜负的责任。船上每个人在竞赛中都得全神贯注，不能有丝毫疏忽。赛龙舟不是仅靠个人技术，团结精神是最主要的因素。优秀的龙舟队除了能做到集体的合作无间，还要有胜不骄、败不馁，坚持到底的精神，这种队伍才能争取到最后的胜利。

四、试水操练

有些地方的龙舟在竞渡前还要试水——试船，看看龙头、龙尾有没有装好，船体是否漏水，桡手划水是否整齐，暗暗操练，整装待发。《杭州府志》卷七四引梁履绳《竞渡》诗："吾乡竞渡旧张设……试舟不待端阳节。"标注："四月二十五日先试龙舟。"清水江畔的苗族在农历五月二十四日前几天，就要将龙舟整修一新，先在村寨边的江中试一试，看看子船、母船、龙头是否绑定，划船整齐不整齐，预先做好准备工作，到二十四日才进行竞渡。湖南汨罗市每年农历四月底到五月初三，各村的龙舟都要预先试水操练，主要看划手是否整齐、动作是否正确，龙舟还有什么毛病，以便在操练时纠正和补救。

五、练桡风俗

清桡（选拔桡手）。五月初的湖南沅陵县，各村的码头上都聚集着一群扛着桡片的划手，任凭有了几十年船龄的胡子们调遣。胡子们老了，做农活已经干不动了，平日没什么活动，自然有些寂寞。此时此刻，他们的身份提高百倍。他们在众人面前显示了惊人的眼力和天平般的公正，将一字排开的划手们精心挑选，放在恰当的划手位置。胡子们摆出龙舟权威的架势，一而再、再而三地反复强调划手们应分成七个部分，即"头桡、引水、前羊角、鼓仓、后羊角、夹艄、艄公"。头桡必须有跪劲、腰劲，还要能竖"阳雀"——倒立。引水分头引、二引、三引，这三对桡手必须有十年以上的船龄，熟悉水性，是全船划手的引导、楷模。前羊角位在撑缆的前木架前后，仅次于引水，力气要好，要有拉劲。后羊角位在撑缆的后木架前后，要有推劲，前拉后推，船才起势。夹艄划手——艄公前的两对桡手，最主要的任务是协助艄公掌好艄，其次才是划船，俗称二艄公。艄公就不用多说了，他是全船的核心，要是比赛时走了艄，就是再好的划手也一定会输。至于划鼓舱者，比较而言就要略逊一筹。所以，被胡子们挑选为引水桡手则神气十足，被选为划前、后羊角则不卑不亢，被选为鼓仓桡手当然有点不高兴了。可是当他们看到还有很多小伙子未被选上，扛着桡片站在岸上跃跃欲试，也就心满意足了。每次试水，划手都有可能被重新调整位置或掉换他人，所以在清桡阶段谁也不敢怠慢，否则，一旦被“清洗”出来，不仅自己的脸没地方放，身边亲戚朋友都会招人嘲弄。

两头忙。湖南武陵一带旧时测验桡手的方法。两名桡手背靠背共坐一船，按照口令，同时挥桡划水，来选拔桡手的强弱。（见《武陵竞渡略》）

香火桡。湖南汨罗江一带旧时训练桡手划水方法，分三种形式：①下水操练；②陆地白天操练；③陆地夜晚操练。陆地夜间训练别具一格，桡手依序坐于条凳上，训练场地或堂屋内不点灯，于各桡柄上扎一支点燃的长香，催桡人视香火光亮轨迹，纠正划桡动作，确保划水动作整齐划一，不浪费多余体力，可见准备工作之认真，已有争先夺标的气势。（见《楚塘乡志·风俗》）

涡儿旋。湖南武陵一带旧时训练桡手的反应能力。所有桡手各就各位坐于船上后，按照口令，同时改换方向，一起挥桡急划，使船打转旋转，指挥者观看全体桡手反应能力，动作协调整齐程度，然后听指令两侧同时换向，重复再划。

六、传统竞渡方式

我国赛龙舟源远流长，竞渡活动分布广泛，今天的竞渡以达到终点的先后判胜负，比的主要是速度。古时比竞渡，速度固然是一个标准，但还有一些较复杂的花样。比如“抢标”，当各船划到竞渡终点时，桡手抢夺“锦标”以定胜负。这种历史性和地域性的竞渡方式花样繁多、异彩纷呈。如下图，例举一二。

直道竞速，在宽阔笔直的水域进行竞渡比赛，是龙舟竞渡千百年来最普及、最传统、最流行的竞渡方式。在全国开展龙舟竞渡的水域，主要的竞渡方式都是直道式。

弯道竞速，包括包龙头（第三章载述）、拖长水和绕圈竞渡三种形式。拖长水，又称“斗长水”，其实质是没有终点的竞渡。当两船悄无声息地靠近开始竞渡后，落后的一方不认输，便在江河中不间断地彼此追赶。只有一方认输后才能终止竞渡。绕圈竞渡，根据特定的水域环境，按照约定的圈形水路和规定的圈数竞渡。

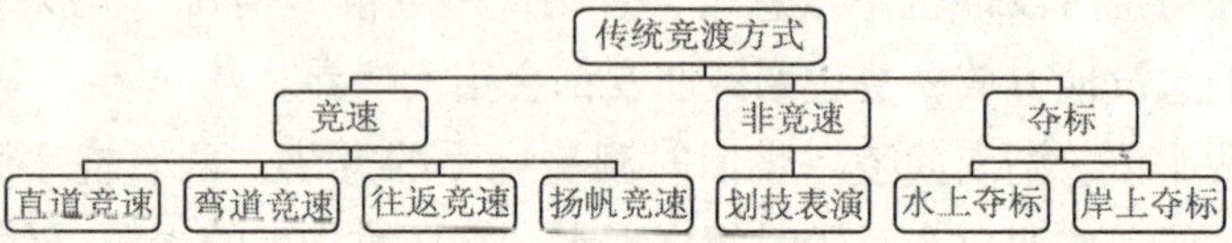

往返竞速，有两种方式。一种是龙舟不掉头，而是划手换向。由于龙舟长，河道窄，不能转弯，船达到目标时，最前头的桡手竖起桡板示意，鼓手迅即擂鼓，所有桡手听鼓声齐齐闸桡，使龙舟骤停，然后迅速起桡齐转身掉换方向，原来在后的桡手变在前，原来在前的桡手变在后，接着听鼓齐齐挥桡，如此往返竞渡；另一种是掉转船头往返，当船到达目标后，龙舟绕目标掉转船头返航。

扬帆竞速，船上有帆的龙舟竞赛。新中国成立后，这种龙舟已极少见。

划技表演，比赛的内容是桡桨的整齐程度和节奏的协调，以及桡手划水的技巧和表演的精彩程度。并不计较速度，讲究的是文明和友谊，以谦逊礼让为风尚，竞速角胜的意义逐渐让位于竞渡表演。

夺标，旧时各地有不同的称谓：抢红、抢青、抢彩等，后将标上系有红锦缎，所以又称“夺锦标”。夺标是龙舟竞渡的精彩瞬间和角逐的结果，旧时也是获胜的奖品，后被广泛引用为获得头奖，获胜的标志。夺标和直道竞速有着密不可分的历史渊源，有了夺标的精彩刺激，龙舟竞渡这一传统风俗才得以高潮迭起、引人入胜。

标物有水上标和岸上标两类。水上夺标最流行抢活鸭子，赛龙舟的压轴好戏就是看抢鸭子，鸭子受惊后在水中狂奔，男女老幼徒手下水围捕，场面壮观刺激，曾经久盛不衰，至今一些地区还广为沿用。

标物还有端午节期间互相馈赠的粽子、鸡鸭鱼肉、锦旗、绸缎、铜钱等，放置于船上或挂在插入水中的竹竿上，有些地区将钱标沉入水中，让划手潜水打捞夺钱标，这对水性的要求极高，所以场面更加精彩激烈。岸上标各地区开展的普及程度也非常高，有粽标、活山羊标、绣球标、锦旗标等①。

竞技赛龙舟

一、龙舟竞赛规则介绍

赛龙舟是现代体育标准赛事。龙舟运动定义：龙舟运动是一项集众多划手依靠单片桨叶的划桨作为推进方式，运用肌肉力量向船后划水，推动舟船前进的运动。

传统东门金凤

中国龙舟协会的标准比赛龙舟，应配备有龙头、龙尾、鼓（鼓手）、舵（舵手），以此保持中国民俗传统。在传统龙舟的比赛中，可考虑设立锣（锣手）。根据区域民俗特点不同，龙舟造型在龙尾设计方面包括凤舟、象牙舟、龟舟、虎头舟、牛头舟、天鹅舟、蛇舟等形状均可保留原有规格和名称，但只要是类似划龙舟动作，亦统称为龙舟运动。

竞赛形式

直道竞速赛：指在尽可能短的时间内通过1000米以内标志清楚而无任何障碍的直线航道。环绕赛：指在半径不少于50米，直线距离不少于500米的人工或自然水域所进行的多圈赛事。拉力赛：指在自然环境水域，但必须是封闭的航线上所进行的长距离赛事。

① 任国瑞．端午龙舟竞渡．香港：瑞华出版社，1995.

竞赛类别

正式比赛类：世界龙舟锦标赛；世界俱乐部龙舟锦标赛；洲际龙舟锦标赛；全国龙舟锦标赛；全国综合性运动龙舟赛；地方龙舟赛。

邀请赛类：国际龙舟邀请赛是经国家体育总局批准，由中国龙舟协会主办邀请其他国家或地区队伍参加的龙舟竞赛；全国龙舟邀请赛是经国家体育总局批准，由中国龙舟协会主办，由各省、自治区、直辖市、计划单列市体育部门、各行业体协、各大专院校、解放军等单位组队参加的龙舟竞赛；地方龙舟邀请赛是经当地政府或体育主管部门批准，由当地所属地区或单位、部门派队伍参加的比赛。

竞赛组别：

男子组：所有参赛选手必须是男性，队员无年龄限制。

女子选手

女子组：所有参赛选手必须是女性，队员无年龄限制。

混合组：必须有至少 8 名最多 12 名女子选手参加，所有选手无年龄限制。

成年男子组：参赛选手年龄须为比赛当年 12 月 31 日已满 18 岁，未满 40 岁。

成年女子组：参赛选手年龄须为比赛当年 12 月 31 日已满 18 岁，未满 40 岁。

成年混合组：参赛选手年龄须为比赛当年 12 月 31 日已满 18 岁，未满 40 岁，必须有至少 8 名最多 12 名女子选手参加。

青年男子组：参赛选手年龄须为比赛当年 12 月 31 日未满 18 岁者。

青年女子组：参赛选手年龄须为比赛当年 12 月 31 日未满 18 岁者。

青年混合组：参赛选手年龄须为比赛当年 12 月 31 日未满 18 岁

者，必须有至少8名最多12名女子选手参加。

少年男子组：参赛选手年龄须为比赛当年12月31日未满16岁者。

少年女子组：参赛选手年龄须为比赛当年12月31日未满16岁者。

老年男子组：从40岁生日开始成为老年运动员。

老年女子组：从40岁生日开始成为老年运动员。

老年混合组：从40岁生日开始成为老年运动员，必须有至少8名最多12名女子选手参加。

公开赛：参赛选手无性别与年龄限制。

二、比赛场地、器材和设备的规定

场地

根据河道条件，设男女400米、500米、600米、800米、1000米直道竞速（可按当地条件变更距离）。比赛应设在静水水域，航道是直的，起航线与终点线必须平行并与航道线垂直。根据参赛队数及场地条件，设2条或4条、6条、8条航道，每条航道宽度可按9米、11米、13.5米布置。航道最浅处水深不得小于2.30米，航道内不得有水草、暗礁和木桩，航道外5米内应无障碍物。

器材

1. 龙舟：总长18.40米（含龙头、龙尾），允许误差上下5厘米。舟长15.50米，允许误差上下3厘米。舟宽1.10米（中仓最宽处），允许误差上下1厘米。重量因龙舟制作材料不受限制，龙舟本身重量不设统一标准，但要求同一次赛事使用的所有龙舟最重与最轻的差距不得超过5千克（含龙头、龙尾和舵桨）。

2. 舵桨：舵桨采用固定式，固定装置设在船舱左侧船体上。舵桨总长2.50米，其中桨叶长75厘米。桨叶前沿宽20厘米，上端宽16厘米。弧形斜口延伸15厘米，允许误差上下3毫米。桨叶的边缘厚度为0.7~1厘米。桨杆直径下端5厘米，上端3.5厘米，桨柄长15厘米，直径3.5厘米。

3. 划桨：划桨长度为105～130厘米，其中桨叶长48厘米，弧形斜口延伸12厘米，其中距末端36～48厘米是桨叶的肩。桨叶前沿最大宽度为18厘米，长12厘米处宽16.75厘米，长24厘米处宽15.4厘米，长36厘米处宽14.05厘米，允许误差上下1毫米。桨叶的边缘厚度为0.4～1厘米。桨杆直径2.5～3.5厘米，桨柄长57～82厘米。

龙舟（含龙头、龙尾）、舵桨、划桨的制造材料不受限制，但在同一次赛事中竞赛规程规定由大会统一提供的器材必须用同样材料和相同工艺制造。

按国家体育总局审定的最新龙舟竞赛规则举办的龙舟赛，由承办单位提供统一规格的标准龙舟和其他配套装置。划桨可由参赛队自备，但赛前须经器材检查裁判检查验收，贴上合格字样（防水）标志后方可在比赛中使用。

全国比赛和国际比赛使用的比赛器材，必须向中国龙舟协会认可的生产厂家订制。

4. 每条龙舟必须配有规格一致的龙头、龙尾、鼓和鼓架。

龙头、龙尾的造型可自行设计，但必须与龙舟接口严合。鼓面直径48厘米，高度45厘米，设在第一划手前面，面对舵手。

三、参赛队员

队员必须身体健康，会游泳，熟悉水性。

龙舟参赛队员为25人。

每队设队长一名（运动员兼），比赛时必须佩戴标志。

每队登舟比赛队员为23人，包括舵手、锣手、鼓手各一人，划桨手20人。

每队替补队员2人，替换时须经裁判员验明资格，并于检录登舟前替换完毕，登舟后不得替换。

第七章

龙舟的流派（产地）与风格

龙舟的流派

我国几千年的赛龙舟，由于固守中原的正统文化，竞渡风俗的主体内容一直沿袭未变。各地划龙舟虽有其特定的风俗、礼节，但在传统竞渡中，礼节习俗大同小异，基本在主流范围内变化。一些特定习俗，至今古风犹存，其中细节还穿插历史典故和传说，随着时代的发展，一些带有较浓封建、迷信色彩的已逐渐被淘汰了，即使尚存，色彩亦已淡化，仅存记忆中的仪式而已。

各地方在传承的过程中形成的派系，表现形式并不具有显著规律性。其形制因时代而变化，因地域而不同。如按照龙舟上的装饰分质朴派与华饰派，按照竞渡的性质分竞渡派和游渡派（趁景），按照地域组别分红龙派、黄白龙派、青龙派、乌龙派等，按照龙头的外形珠三角地区数百年来将龙舟分鸡公头、大狗头两类。

一、龙舟的装饰派系

传统的龙舟非常注重装饰。龙舟的装饰包括龙头、龙尾、旗帜，船体上的绘画，以及锣、鼓、神位等。龙舟的装饰各地区存在一些差异，船上装饰讲究的包括头旗、尾旗、大单旗、长幡（俗称百足

争相比美

比趁景

旗)、罗伞、锣鼓架、木制神龛等装饰物。如：头旗、尾旗长1米左右，宽30~40厘米，旗上面印有郡号：梁姓，安定郡；黄姓，江夏郡；张姓，清河郡；周姓，汝南郡；韩姓，南阳郡等。大单旗竖高1.5米，横宽2.5米左右，呈三角形，旗上冠有该龙舟主人的姓氏名号。舟主人姓黄的就写上“黄”字，姓梁的就写上“梁”字，头、尾旗与大单旗反映氏族来源的印记。龙舟上的长幡，长3.5~4米，宽40~50厘米，幡的四周是一条三角形饰边，因其比较长，远望好像一条移动的“百足”，故称“百足旗”。幡旗是由心、边、尾的不同色彩组成，反映不同的舟主信奉不同的菩萨。如红色的心，白色的边，黑色的尾就是表示信奉“关帝”菩萨；白色的心，蓝色的边，蓝色的尾是信奉“天后”菩萨。船的“神龛”是摆放信奉菩萨的宝座，木料和雕工讲究精致。罗伞上常绣八仙宝物：葫芦、檀板、扇、拐、笛、剑、拂尘、花篮等，或者精绣各式八仙图。从龙舟上的装饰风格、符号、印记，可以窥测出龙舟的派系，氏族文化，宗教信仰的关系。

旧时广东顺德县的鸡公头，装饰注重考究，中部有一神楼、一大鼓、一铜锣。神楼为木头做成，似神庙，高1米左右，现在已经简化为一木盒，上贴红纸，纸上写有神字，象征本村的神社、神庙在船上。船头船尾还各有一龙牌，形似芭蕉扇，用木板做成，多涂成红色或褐色，上刻有本村龙船名。龙头、龙尾还有彩旗、帅旗和罗伞，龙头和龙尾旗有长条形和三角形两种。长条旗龙头、龙尾各两面，游龙时一般不可缺少，往往在旗顶端插有一绿树枝（意寓“采青”）。现在的长条形头、尾旗多为红色，少数的绣有一些花草和文字。如1979年鹿门康帅府龙舟的龙头、龙尾旗，龙头旗两面分别绣有“鹿门遗风古”、“神州气象新”的对联。龙尾旗绣有“一鼓齐作气”、“四化不后人”的对联。龙头、龙尾的三角旗每条船前后各一面，有的绣图案，有的写字。如鹿门康帅府的三角形船尾旗，上方绣有一只鹰，中部为一个太阳，下方为一只熊，称为鹰熊伴日旗。还有的地方的船尾旗为黑色，上有七个白色的圈称为七星旗。帅旗为长方形，每条船有1~2面。鹿门康帅府的两面帅旗，另一面绣有双龙，一面绣有双凤，正中均绣“帅”字，上方绣“鹿门”二字。罗伞，每条船放置数量多少没讲究，有的一两个，有的三四个，多的可达十几个，伞上绣有各种图案，有的绣八仙或八仙宝物，鹿门康帅府现存最久的罗伞为光绪十八年制，红绸上用金线绣有麒麟、龙凤及八宝等图案。平常龙舟游乡村，都要插上罗伞、三角旗、帅旗等。

龙头和龙牌

龙舟上的罗伞和旗

旧时西湖上的龙舟，约四五丈长，头尾高翘，彩画成龙形；中舱上下两层，船首有龙头太子和秋千架，均以小孩装扮，太子立而不动，秋千上下推移；旁列弓、弩、剑、戟等十八般武艺和各式旗帜。尾有蜈蚣旗，中舱下层敲打锣鼓，旁坐水手划船。

在历代的龙舟中，隋炀帝搭乘的龙舟大概是最豪华富丽的。宋代孟元老在《东京梦华录》中载：舟长有三四十丈，宽三四丈，船头到船尾的鳞和须上都雕镂着金饰，船上两边有十几处阁子，中间设了御座，上面还有层楼和观赏台。龙头上有专门的人舞旗，左右水棚排列如桨，很像飞腾在空中。

元人王振鹏所绘《龙池竞渡图卷》，图中龙舟也很华丽，龙舟的龙头高昂，硕大有神，雕镂精美，龙尾高卷，龙身还有数层重檐楼阁。如果是写实的，则可证古代龙船之精丽了。又如《点石斋画报·追踪屈子》绘芜湖龙船，也是龙头高昂，上有层楼。有的地区龙舟还存有古风，很精丽。

江西赛龙舟时，龙舟上除装上龙头、龙尾，画上龙鳞，插几面小红旗之外，无别的装饰，属于质朴简单型。

二、竞渡的性质派系

“赛龙舟”与“龙船游渡”两大类型，通过龙舟的船型和装饰就可以分辨。

趁景

竞渡类龙舟以取得比赛胜利为目的，因此舟身额外的装饰物相对较少。游渡的龙船则以外形特别、引人注目为目的，往往十分花哨（竞渡类龙舟的造型在前章有所叙述）。游渡龙船在古代也十分普遍，尤其是游船式竞渡，从汉代开始就有了。古时杭州西湖一带，民间端午节举行娱乐性赛龙舟活动，《梦粱录》载，官府在西湖举办游船式竞渡，“龙舟六只，戏于湖中”，船上有“七圣”、“二郎神”等装饰，划船人戴“大花”、“卷脚帽子”、“穿红绿戏衫，像演戏一般”。这些龙舟也进行速度比赛，终点夺标。部分地区流行的龙船“趁景”，在指定水域邀集各乡龙船前来应景。因不争名次，只表演技巧，轮流在各乡举行，每天一景。有些乡村很看重“龙船景”，像过盛大节日似的热闹。凡外村嫁来的妇女，看到娘家来的龙船“应景”，就要和丈夫、小孩带鞭炮、饼食，划小艇去表示欢迎。

唐、宋、元、明、清各代帝王，均有临水边观看龙舟的娱乐，也属于游渡之类。《旧唐书》中记穆宗、敬宗，均有“观竞渡”之事。《东京梦华录》卷七，记北宋皇帝于临水殿看金明池内赛龙舟之俗。其中有彩船、乐船、小船、画舱、小龙船、虎头船等供观赏、奏乐，还有长之四十丈的大龙船。除大龙船外，其他船列队布阵，争标竞渡，作为娱乐；宋张择端《金明池夺标图》即描绘此景。明代皇帝，在中南海紫光阁观龙舟，看御射监勇士跑马射箭。清代则在圆明园的福海举行竞渡，乾隆、嘉庆帝等均前往观看。

珠村“乌龙公”大体活动景点	
五月初一	珠村深涌进水招景，有 60 多条龙船来应景，村民来趁景
初二	到大塘、官洲、文冲、珠江、下沙五条村
初三	车陂、棠下二村
初四	南湾、庙头二村
初五	员村、猎德、杨箕、寺右四村
初六	东莞江南村
初七或初八	散龙船标，藏回龙船

珠村趁景时间表

三、赛龙舟地域派系

旧时沅陵的龙船分两大流派。以中南门为界，上游多是红船，故而人也属红龙派；下游多是黄白船，故而人也属黄白龙派。红龙是以洲头渔业队、潮瓦溪、立新为代表的红龙体系。他们举红旗，披红衣，裹红头巾。近看一条龙，远看一团火，人众船多，经常参赛的就有十七八只。黄龙则是以蚂蟥头、河涨洲为代表的黄白龙派。这个流派以黄龙居多，约有七八只船。他们身着黄衣红头巾。远远看去，黄衣如叶，红巾如果。白龙虽少，约三四只船，却有河涨洲老白龙独当一面。虽然近两年来名落孙山，但虎威犹存，实力尚在。

传统黄龙

两个流派用桡的特点也不同。红龙握桡手心同向，划时上手过头，上臂入水，桡片跟船帮成三十度角。手腕灵巧，善用腰劲，上桡敏捷，抽桡轻巧，频率较快，启动时喷起一船烟雾，恰似雪花盖顶，出马枪漂亮，常以先发制人，人称这种风格为“飘飘儿桡”。黄白龙握桡上手心朝外，下手心朝内，推拉结合。桡片吃水比红龙更深，启动的前几桡半身入水，桡片和船帮几乎成垂直状。动作深沉、泼辣，桡片的把端直立头顶，好似丹凤朝阳，有翻江倒海之势，出船稳重，气势压人，出马枪虽不及红龙，但奔岸有力，常以后发制人。因频率太慢，这种风格被人称为“抠抠儿桡”。

锣鼓经：飘飘儿桡清脆响亮，有穿透力，抠抠儿桡厚重沉稳，产生共鸣。黄白龙善击锣鼓边：“磕……磕……磕……磕磕……”直到离岸几十米才动用大鼓：“砰……砰砰……”这种击鼓法可以给已经筋疲力尽的划手以强烈的刺激，难怪黄白龙奔岸如此凶猛。尤其是河涨洲白龙，鼓大无比，常以二人击之，地动山摇，振奋军威。后来人们总结了两派的优势：划手取长补短，动作简捷实用，没有花架子，一切顺其自然，形成了独特的“顺水桡”。锣鼓经是两鼓一桡，相当于二四拍的进行曲，一强一弱，强拍下桡，全船划手只听锣鼓，不看“引水”。因此，锣鼓就是指挥。即便是不会划船者，只要懂得节奏，就不会划乱桡。

四、赛龙舟外形派系

珠三角地区的龙舟，根据龙头形状分两大派：“大狗头”和“鸡公头”（第五章龙舟的艺术与审美部分）。贵州的龙舟由三只独木船联合而成，中间较长的一只称“母船”，船上有鼓手指挥，两边的两只船身稍短，称“子船”。按照龙舟的外形，列举以下几种龙舟：

马头龙舟。在河南辉县赵固的战国墓葬出土的“燕乐射猎图案刻纹”铜鉴上有一小船，其船首为马头状，头部较平（后来龙舟头昂得很高），头上有短角，马头下颌无胡须。船身刻有鳞状纹，船尾呈鱼尾状。这是我国目前发现较早的一幅龙舟图。在我国早期的农耕文化中，马是家养牲畜中主要动物之一，鱼也是重要的猎物，所

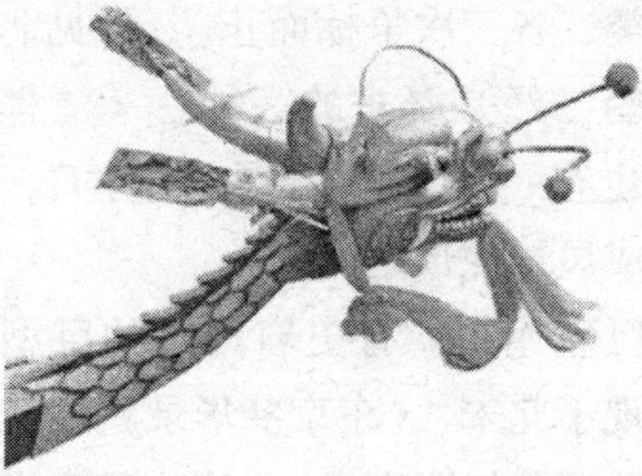

鸡公头

大狗头

广东南海凤舟

四川广元女子凤舟

以我国早期在龙舟创意上采用了马头、鱼尾的外形。闻一多先生在《伏羲考》一文中指出，龙是由马头、尾、鹿角、狗爪、鱼鳞和须构成。正因为古时有马头龙舟，故龙舟又有“水马”一名。

鸟头龙舟。晋太康二年在魏襄王古墓中发现了《穆天子传》一书，其中记有周穆王乘龙舟之事：“天子乘鸟舟浮于大沼。”其中“鸟舟”当指龙舟头部的形态。在《淮南子·本经训》中也有：“龙舟鹢（水鸟）首，浮吹以娱。”古代鸟形龙舟并不少见，据《古诗为焦仲卿妻作》诗中有“青雀白鹄舸，四角龙子幡”之句。从青雀、白鹄舟来看，古代鸟舟还不止一种。鸟舟也常见于古代赛龙舟中，如《淮南子·本经训》中有：“龙舟鹢鸟首悦河伯，俘吹枞鼓娱雷神。”清朝乾隆初，端午于福海竞舟“画船箫鼓，飞龙鹢首”可知，清初龙舟乃有禽鸟形状。

兽形龙舟。从文献记载来看，兽形舟最早源于两晋时期，据《晋书·王浚传》记载：“浚乃作大船，画鹢首怪兽于船首，以惧江神。”《东京梦华录》记载水殿观争标时说：“所谓小龙船，列于水殿前，东西相向。虎头、飞鱼等船，布在其后。如两阵之势。……又见旗招之，则两行舟鸣鼓并进。捷者得标。则山呼拜舞。并虎头

虎头舟

开平龙头

船之类，各三次争标而止。”可见北宋虎头船已经是赛舟的一种。《清稗类钞》也有一段记载：“水中赛龙舟，且有饰成凤形虎形之船。”

巨型龙舟。有史料可查的巨型龙舟出现于北宋，《东京梦华录》中记载金明池观争标赐宴说：“诸小船竞诣奥层（停巨舟的大棚），牵拽大龙船出。”要用数条小船牵动的龙船很大，“大龙船约长三四十丈。阔三四丈”。按宋镂花铜尺，一尺折合 0. 316 米，一丈约为3. 16 米，故四十丈足有126 米长，宽也有十余米，船上还设有层楼、台观、槛曲和皇帝观摩比赛的御座。这种巨舟并不是用做争标的，而是龙舟比赛的指挥船。在巨舟“龙头上人舞旗……小龙船列于水殿前，东西相向”。明朝龙舟大者“龙船高大如海舶，具鱼龙百戏”。

小龙舟。据《东京梦华录》载：“有小龙船二十只，上有绯衣军士各五十余人，各设旗鼓铜锣……”明清的赛舟大小与宋代基本相同，如明朝邝露《赤雅》记载：“桂林竞渡舟长十余丈。”又据《广东新录》记载清初“番禺大洲，有宣和龙舟遗制，船长十余丈……”宣和是宋徽宗赵佶年号。从“宣和遗制”说明清代龙舟是仿宋形制。还有更小的龙舟，在辉县战国墓出土的“燕乐射猎图案纹”铜鉴上，有一小龙舟，船上只有两人，头上插有长长的羽毛，从民族学角度看，小舟上的人很像作祭水神的活动。近年云南、广西、四川考古发现的铜鼓花纹上，春秋至汉代的龙船多为 3 ~ 10 人划船。明朝广州地区赛龙舟时，有称为“游龙”的小舟，缭绕于大舟前后，“就像群螭（龙）随母，游龙万计，奇巧相先”。

龙舟的派生

赛龙艇。又称赛龙标，尖头燕尾式样，又叫“燕尾艇”，舟长约三丈（9 米）。广东清远龙标比较具有代表性，是一种当地特有的短形龙舟，龙艇不如龙舟长，具体的长度、宽度和划手人数都有规定，一般是 3～5 人的划艇。龙艇短小轻盈，速度快，最适合江河、池塘、山溪竞渡，传统赛龙艇，不分男女，不计时间，谁坚持到最后，谁就是胜者，一般采用两小时追逐计圈的方式决定名次。最令参赛选手荣耀的奖品莫过于被称作“高标浪伞”的花布伞和特长的花布旗，凯旋后，队员将旗矗立在自家门前，算是无限荣耀。

东莞中堂龙舟趁景，常见有龙艇穿梭其间，乡间又称“屎艇”。龙艇长约 10 米，划手 5～8 人，没有龙头、龙艄，由艇尾一人兼舵手，只设一锣，龙艇更显窄长，短距离可与龙舟比速度，适合一些小范围水域使用，方便绕圈和掉头。大头艇是水乡地区一种用于生产、交通的小木船，在“文革”期间，因禁龙舟，但村民又爱好赛舟，于是只能用大头艇代替，也方便平时训练之用。竞渡时一般有 8 人左右。赛龙艇在广东、香港和澳门一带盛行。凡参赛者，委托一名负责人向组织者申报即可，标艇自备。赛前各标艇集合于指定海面，待一声枪响，全部出动，一般需两三个小时才能到达终点。

清远鱼塘鹅场赛龙标

扒泥船。早年扒泥船在整个珠三角地区都有，泥船比龙艇大，载重量可达 5～8 吨。用之竞赛，是比体力、比耐力。

扒禾桶。湖南省汨罗市新塘乡居民，因附近没有江河，便在大塘和水库内举行竞渡。没有龙舟和船只，便以扮禾的扮桶代替，以长木板当桡桨，于端午日作赛，常吸引群众捧腹驻足观看。禾桶是打禾机出现之前收割水稻用的一种农具，上大下略小，放至水中可容1~2人而不沉，若重心不稳失去平衡则易进水而倾覆。禾桶是圆形平底，方向感和稳定性极差。能扒禾桶的人要机灵、敏捷、平衡感强，划行时左摇右摆，欲沉未沉，划行速度很慢且危机四伏，滑稽搞笑，观者无不开怀。

龙舟的风格

一、各地赛龙舟风格特色

福建：泉州端午节赛龙舟的活动与其他地方差不多，唯独惠安崇武较为特殊。早年崇武在端午节也有赛龙舟，但与外地有所不同，主要是于台风季节即将到来之前在海上举行的祝神驱魔活动。据传后来因某一年水上失事，就不再在海上赛龙舟，而改在陆上游龙舟，游龙舟时要唱《阿螺歌》，歌词大意是请求神灵消除灾祸，但近百年已没再举行。由此看来，崇武的赛龙舟、游龙舟和“采莲”习俗一样，都是民间信仰中龙崇拜的一种形式，即要借龙王之神威，避恶消灾保平安。

傣族赛龙舟

苗族：苗族的赛龙舟是在每年五月二十四日至二十七日的“龙船节”举行，以庆祝插秧胜利和预祝五谷丰登，船长约20米，宽1米，由三根直而粗的杉树挖成槽形，捆绑而成，中间是母船，两边为子船，每艘船上有38名水手，有一长者任鼓头，一个男扮女装的小孩任鼓手。比赛时，炮声响处，各水手即按锣鼓节拍划桨前进。

现代福州龙舟

傣族：傣族赛龙舟是在每年傣历六七月（清明节后十日左右）的“泼水节”举行，纪念古代英雄岩红窝。

每船约有50名船员，4名舵手和4名引道手。比赛时，由一人敲锣指挥，水手按锣声节奏划桨前进。也有女子参与此项活动。

台湾、香港地区：清乾隆二十九年（公元1764年），台湾开始举行赛龙舟。当时台湾知府蒋元君曾在台南市法华寺半月池主持友谊赛。现在台湾每年五月初五都举行龙舟竞赛。在香港，也举行竞渡。

二、龙舟的形制、功能

中国龙舟，因地而异，千姿百态。从形制上划分，有27种之多。从功能上划分，又可分为两大类，即竞渡龙舟和非竞渡龙舟。本章主要介绍竞渡龙舟的形制和功能。

竞渡龙舟类型

福建福州型。福州龙船的结构造型依大江、内河、湖泊地理环境不同，船身大小、设计也因地而异，大致分浅水鸭型和深水鸡型，船头是可拆装的雕工精美的龙头。各村庄依本境的神祇信仰漆成不同色调图案，配以不同龙头。闽俗崇蛇，因此，龙有青龙、白龙、乌龙、黄龙、金龙、水龙、云龙等等，都是世代相传。如白马、青蛙与青龙，“白马”是福州著名的龙舟，以舟首雕马头、浑身漆白色而得名，它的特点是舟身略小，行动轻快，常在西湖竞赛中取胜。“青龙”则舟身较大，不惧风浪，多在台江竞赛中获胜。至于“青蛙”，则以灵活著称，节日多在内河巡游，目的不是为了角逐。大小龙舟均设一锣一鼓一长舵。

湖南汨罗型。外形属“飞凫式”（飞鸟），在汨罗江、湘江、洞庭湖、滨湖各地，普遍是这种样式的龙舟。船中有一根纵贯首尾的龙骨木。龙舟桨又称“桡子”，柄端有横把手，桨全长约1.1米，桨的数量不称“把”，而称为“皮”，一般的龙舟为34皮桡子，大龙舟有48皮桡子。桡子用香樟、杉木制作，油漆鳞饰与船体相配，每皮桡叶上书写某龙得胜。龙舟舵称为“招”，掌舵称“扶招”，舵手称“招手”。以樟木制招，呈“橹”状，长4~5米。行舟时以“招”左右摇拨来调整龙舟方向，形似鲤鱼甩尾，可同时提高行船速度。

汨罗江龙舟节

撬棍一副两根，每根长约1.9米。两根撬棍的下端抵住船体左右边缘，主要用于拉紧和固定龙舟首尾两端的绳索或钢索（俗称“撬绳”），39皮桡子以上的龙舟用两副撬棍，39皮桡子以下者用一副。同时也可用于上悬彩旗，旧时的姓旗和今天的彩旗捆扎于撬棍，36桡的龙舟，则将旗号竖于两副撬杆正中位置。索上则张挂彩旗，一般为三角旗。锣鼓架于船中舱，鼓为圆柱形。船体外表浸抹桐油，油干后再做一色油漆，然后以油漆彩绘龙鳞，各龙船按龙鳞颜色来分别区分。唐代张说《岳州观竞渡》载：“画作飞凫艇，双双竞拂流……”广为传颂，以后便将这种龙舟称为“飞凫式”。清道光五年《洞庭湖志》卷之五，风俗载：“舸舟（龙舟）取其轻利，谓之飞凫。”《湖南风物志》：“所见的竞渡船则是飞凫式的。”

湖南长株潭型。在长沙、株洲和湘潭一带的龙舟形制相同，属中型竞渡舟。舟长19米，宽1.46米，舱高0.6米，舱面有两根纵贯首尾的跨舱木。前面两舱的横舱木伸出船舷外约0.25米，供桡手蹬踏之用。船底剖面呈盆底形，有撬棍和撬绳。旧时长沙一带有在撬棍交叉处插柳树枝的习惯。这类龙舟无舵，习惯用4米长的长桡绑扎于舟尾作舵。竞渡激烈时，舵手可以拿起长桡舵，加入桡手行列。

湖南益阳兰溪“双桡式”龙舟

湖南益阳兰溪型。这种龙舟分布于益阳兰溪和沙头镇一带。与各地龙舟相比，益阳龙舟船体最长，舟长一般在30米，头平尾翘，舱高0.5米，收尾处宽约0.6米。有纵贯首尾的跨舱木，船底如长株潭龙舟。长桡代舵，左右各一把。每艘龙舟桡手，均设有坐桡和站桡——“双桡式”，也称“双层划”，因而参与的划手也就最多。按每舱四人计算，可载划手100~140人之多，一般设计在24~36舱之间，据说是按照天上的星宿或神佛之数而定，设二十四舱是二十诸天和四大金刚之数，设二十八舱是应天上二十八星宿之数，设三十二舱是二十八宿和四大天王之数，设三十六舱是应三十六天罡之数。1986年，益阳沙头镇金湖村造了一艘“巨龙”，总长28米，坐桡54皮，站桡50皮，设3把长桡舵，设铳手3名，唢呐、闪篙手各2名，鼓手、锣手、指挥各1名。一艘龙舟，队员多达117人。因益阳龙舟船体长，加上难划，因而参与的划手也就最多，其中站着划的人数越多，越能展示其龙舟的气势和美感。

资江龙舟

湖南资江型。这种龙舟流行于益阳、桃江、安化、新化等县。介于中小型龙舟，舟长14～15米，宽约1.9米，舱高0.6米，有撬棍撬绳，舟底剖面呈盆形。尾部长8米，呈橹状。

湖南凤凰型。这种龙舟系用两条运输小船绑制而成，俗称“兄弟式”龙舟。这两条小船无专用舵，居艄桡手以桡代舵，无撬棍撬绳，无龙头龙尾。旧时仅见于凤凰县城，在湘西其他区域均无此种龙舟。它极可能是受到贵州清水江苗族龙舟的影响，甚或从清水江龙舟“母子”型演变而来，现在已经很少见了，如今凤凰县城是单龙舟，采用站姿竞渡，船头放一鼓，没有龙头、龙尾，简易方便。

凤凰“兄弟式”龙舟

湖南泸溪型。流行于湘西土家族、苗族各地。舟长18米，宽约1.28米，舱高约0.45米。舟中无纵贯首尾的龙骨木，船底剖面呈黄瓜形。收尾处多开叉，称“燕尾”。撬棍高0.9米，撬绳以竹缆合股绞成。桡桨用整根圆形杉木，长1.2米，无龙头龙尾及装饰。舟头平，宽约0.4米，供分水桡跪于其上划水、夺标。

湖南道州型。这类龙舟分布于冷水江市至道县的萧水一带。旧时江华的竞渡龙舟也是这种类型，外形大体如江西野鸭型。道州龙

湖南道州龙头

湖南道州龙舟

船颇有特点，首先，头部造型具多样性，木雕龙头，长颈翘伸。古道州沿河一带及七坊四村，从前均建有庙宇，庙宇的不同导致龙船的头部造型分成龙头类、虎头类、粉红凤头、鹰头和猫头，每类船头及颜色分别代替不同的村落和家族。由此，龙头又分为金、黄、赤、白、青、乌龙头；虎头分成金、黄、红、白、黑虎头等。而且头部造型大胆夸张，色彩鲜艳，栩栩如生。其次，船身为独特的道州型。船身长约 20 米，宽 1.2 米，头翘离水面 1.4 米，尾翘离水面 2 米。船头能插卸龙、虎、凤、猫、鹰头等。尾部装饰彩旗，还有长约 5 米似关公大刀般控制方向的钊板。可载 20～25 人，划手 18～20 人，以齐水为标准。

湖北秭归型。流行于长江三峡一带。龙舟扁长、轻巧、两头翘。竞渡龙舟的制造以杉木为主，也有以椿木造桡的。龙头、龙尾与船身则分别制造，到下水竞渡前进行组合。秭归型龙舟有大小之分。大龙舟，总长约 20.6 米。艄（即龙舟舵）长 15 米，船底剖面呈黄瓜形，一般设桡 12 对 24 皮，设锣鼓手、站头、打腰、舞尾、艄公各一名，共设舟中人员 29 名。小龙舟舟长 10 米，宽 1 米，舱深 0.3 米，船底剖面呈盆形。设桡 6 对 12 皮，设站头、锣鼓手、艄公各一名，共设舟中人员 15 名。这种小龙舟和湖南汨罗型竞渡龙舟大体相似，不同的是汨罗设的催桡立于舟中，而秭归不设催桡，在龙头设一站头。

秭归龙舟

湖北蕲春型。这类龙舟流行于蕲春县及相邻地域，和全国标准龙舟规格大体相近。头尾微翘，舟身狭长，舟中一般设桡桨 22 皮，设鼓手、锣手、舵手各一名，舟中人员共 25 名。

重庆奉节型。奉节型龙舟有两类，即一大一小。大龙舟，两头尖，呈梭子形。舟长 20 米，一般 21 ~ 23 舱，中宽 4.5 米，有绞绳绞架，相当于汨罗型的撬绳撬棍。船上第一排招子叫引招，第二排招子叫押招，是帮助转向的。一般龙舟上有旗手 2 人，鼓手 2 人，锣手 1 人，艄公 1 人，帮艄公 1 人，跳头 1 人。跳头手拿挑招，挑招如长矛，是船上的总指挥，矛旁有两个钩，可戮、可钩。人上齐了，船舷离水面约 0.4 尺，划船时队员以大腿挡水。小龙舟，平头平尾，12 舱，长 10 米。大小龙舟都有旗帜鼓点。旗帜用 2.5 尺见方的绸子做成，红船红绸，黄船黄绸。龙舟上的鼓，直径 1.7 尺，高 2 尺，鼓腰粗于鼓面。

四川泸州型。泸州型竞渡舟，一般以上等杉木或楠木打制。船舷低矮，首尾高翘，船身水下部分为流线型，龙舟以不同颜色的令旗作标志。有 34 或 36 个舱位，船底龙筋为一直径0.2 ~ 0.25 米的贯通首尾的上等杉圆木。龙舟横截面下窄上宽。泸州一带在明代就有正式龙舟，杨慎《竞渡曲》对这里竞渡龙舟的描述是：“千桡百桨蚣蝑足，五龙青红黄白黑。”从古时对竞渡舟的分色和水中竞渡的形态描述来看，有鱼形、龙形之分，色彩上也存在差别，和今天泸州民间的正式竞渡龙舟无大差异。

江西野鸭型。江西传统的竞渡龙舟大体都相同。无论专用或兼用龙舟，它都有一个长长的龙颈，龙头装在长长的龙颈上，龙舟浮游水中酷似野鸭。因此清代李绂《金家渡哀竞渡诗》说江西竞渡舟“红旗闪闪二十舟，伐鼓鸣金驰若骛”。舟身中宽、首尾窄，底尖，呈梭形，所以船的平稳性差，故该地划水姿势为跪姿，这样可以随时调整身体重心，维持船的平衡。舟长各地不同，仅高安县一地就有四种规格。各地龙舟舵都安在舟艄，长刀形，一般长 6 米。龙舟桡桨，反面平板，正面如龟背。但长短宽窄各地规格不一。同一龙舟的不同舱位，规格都有区别，基本为前后舱的桨叶长，中间舱的桨叶短。桨的长短将影响着划船的速度。

盐步龙舟

三叉角梧州龙舟

广东顺德型。顺德造竞渡舟，规定用杉木。犹恐龙舟滞水，用麻与竹篾相续，由船头至船尾用绞杠绞转数次，甚至多达十余次，也就是说，要用数副甚至十余副绞杠去束紧龙舟头尾。顺德龙舟形制相同，但船体大小不同。龙舟前后舱位桡长，中间舱位桡短。“互相勾绞如织”，“舟如弓梢”，这是顺德龙舟的最大特点。

广西梧州龙舟。又称三叉角龙舟。这种竞渡龙舟分布于梧州地区和梧州市一带。这一带龙舟的龙头上都有一尺长的三叉角。龙头精工雕刻，有须。龙舟分大小两种制式，大龙舟可坐 38 桡，小龙舟可坐 28 桡。舟首呈“凹”形，如纺锤。龙舟上彩鳞颜色和旗色一致，有些地方旗帜镶杂色边或多色旗。广西龙舟除分男子、女子两种，还有手划和脚划之别。除了比速度之外，还要评比龙舟的设计、装饰等。

贵州苗族独木龙舟。贵州苗族独木龙舟是世界上绝无仅有的、最古老、最具特色的龙舟。苗族所划的龙舟形状与其他地区的大异其趣，龙舟古朴硕大，别具一格，每艘龙舟以一条完整杉木或大梧桐挖空成槽形，一大二小的龙舟并排捆扎而成，俗称母子龙舟。船体很长，大者为母船，苗语称台迷，长 21～24 米，宽约 0.7 米，船中心前后共六舱。两侧各一小船，苗语称嘎呆，意为子船，长度一般在 15 米左右，宽约 0.5 米，为桡手站立用桡的地方。前部接有雕

苗族龙舟

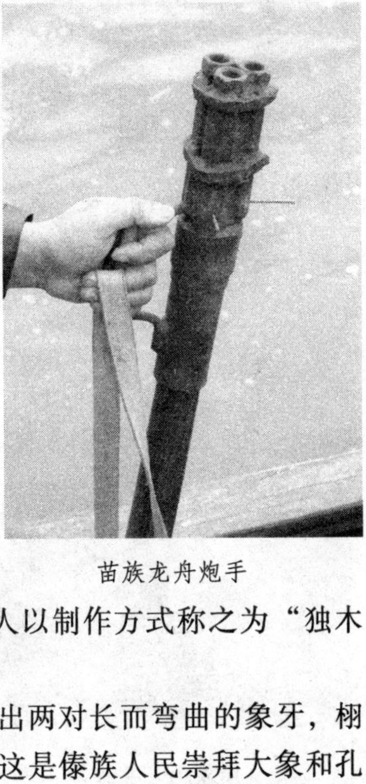

苗族龙舟炮手

刻精致的五彩龙头，桡手头戴彩笠，腰系彩带，其中台江施洞的龙舟龙头上都有代表男根、象征祈子重男的屌形和可能表示实现祈子求嗣、鱼水之欢的鱼形饰物。最具特色的是，龙头两边还要安上一对弯弯的大水牛角，这是因为苗族的“龙”是“水牛龙”的缘故。水牛龙角上常写有“风调雨顺、国泰民安”等吉祥语。母船翘首水面，两个角尖之间拉一根细绳子，挂上小红旗，角后有四根一米多长的野鸡毛立着。船尾也翘出水面，正中插着芳草制成的“凤尾”。有人称这种龙舟的组合方式为“子母龙舟”，也有人以制作方式称之为“独木龙舟”。

云南傣族龙舟。傣族龙舟龙头上伸出两对长而弯曲的象牙，栩栩如生，尾部伸出模拟孔雀尾的饰物，这是傣族人民崇拜大象和孔雀，所以形制比较独特。除象牙、孔雀尾之外，龙舟的首尾部还有装饰物：舟首是用木板制作的绘有兽头的饰物；舟尾是绘有鱼尾的饰物。龙舟用铁椿木制成，船身上画有华美的彩纹，披红挂彩，在木雕的龙尾上插一根饰有彩带的竹竿，参加赛舟的小伙头上缠一块红锦。傣族龙舟长约 20 米，宽 1.5 ~2 米。船上一般设 50 名竞渡成

傣族工匠正在安装龙舟象牙

傣族龙舟孔雀尾

员。前部5位男子俯在象牙与兽头部位，尾部也有5名男子站在孔雀尾与鱼尾部位，手拿长竹竿划水，相当于掌舵。龙舟中部两名男子，一个敲象脚鼓（指挥者），另一个敲铜锣。

云南白族龙舟。云南白族的竞渡龙舟，在船舷两侧画有黄龙、青龙或黑龙，中间镶嵌一面圆“宝镜”。船首、船尾挂着用彩绸扎成的绣球花，船的四周插着各种彩旗，舟中央立一松树或柳树，树上挂响铃或铜锣，在划行中会发出各种悦耳的响声。松树下站一男子，额贴太阳膏，头顶大包头，着白衣黑裤，脚穿绣花凉鞋，一身标准的白族男子的打扮。他手拿牛尾，上下左右摇动指挥。船头有唢呐吹手，船尾是敲锣手，打扮与马戏团里的小丑相似。每条船有十对桨，每对桨由一对青年男女操纵。

安徽巢湖龙舟。巢湖龙舟分两种。一种称舟，船头尖形，坐30～32桡。一种称船，船头方形，坐26～28桡，龙头颜色或白或青，或黑、红、黄五种。舟中人员除桡手外，均设舀水、击鼓、掌艄、靠梯各一人。竞渡队员头巾、衣服的颜色和舟的龙头、船体颜色相一致。巢湖是安徽的第一大湖泊，这里的人们在赛龙舟与游江时都爱唱歌。由击鼓人领唱，桡手和唱，边划边唱，显得热烈粗犷。巢湖人俗称“夺艄”时，唱词则很有气势，击鼓人领一声：“划齐艄!”众桡手与击鼓人和声唱：“绕欢欢!”游江时歌词是即兴之作，见人唱人，见物唱物。鼓手每唱一句，桡手则和："哎哎嗨哟——数二，二哈来!"竞渡龙舟从下水到上岸前，一直是情满巢湖歌满船。

傣族龙舟比赛

江苏高淳型。这种龙舟主要流行于江苏高淳县的砖墙、薛城、保胜、丹湖、狮树、沧溪等地，但在南京、淮阴、扬州、常州等地也能找到这种龙舟形制，所不同的是，高淳是竞渡龙舟，而南京等地的这种龙舟只游江而不竞渡。高淳竞渡龙舟长而窄，形如柳叶，龙首高耸，形如大刀。一般是9对18名桡手，另设锣鼓手1名，掌艄1名，一船约20人，舵中部常绑一束柳枝。锣鼓置舟中，有鼓架，架边吊锣。每舱有两根蹬脚的木条，艄公舱底置平板，方便站立。桡桨绘双龙戏珠彩画，平面书"蛟龙入海、腾云驾雾、风调雨顺、五谷丰登、人寿年丰"等字。舟首第一对桡手称"扬桨手"，舷外设一布环，供扬桨时蹬脚。桡手都系头巾，以龙舟桨色为头巾色。

现代高淳龙舟

船寮龙舟

青田龙舟

浙江龙舟。浙江的竞渡龙舟没有单一的功能，都是既竞渡又表演或兼观赏的，以温州地区竞渡龙舟和绍兴地区的小龙舟为代表，而杭州、宁波、金华、萧山地区，近代以来很少有赛龙舟。浙江的两用型龙舟，以温州最典型，其特点是：舟身狭长，两头翘，桨片短。舟身绘以龙鳞，漆以红、黄、蓝、白、黑五色，一村一色，历代相传。即使是同一颜色，其浓淡、花色也有区别。龙头、龙尾是活动装置，龙须大多用艾蒿、菖蒲装点。龙

萧山龙舟

凤舟

舟有大小两种形制，分别设19档和13档，配18对和12对桡手。船上设有掌舵2人，旗手2人，司鼓2人，司锣2人，还有“参花”、“托香斗”等执事共10余人。每艘大龙舟共计50余人，每艘小龙舟共计30人左右。竞渡中有的船上设有吹打班，或配化装的戏剧人物。如“孙悟空斗海龙王”、“哪吒闹海”等。绍兴龙舟有大、小、花三种，只有小龙舟举行竞渡，舟长12米，宽1米，舟首尾最狭处10厘米，舟形狭长、轻捷，像泥鳅一般灵活，百姓们又称为“泥鳅龙船”。舟中设桡手13名，舵手、锣手各一名。小龙舟首尾两端装有木柱，龙头龙尾装卸方便。装上头尾叫篷船，卸下头尾称赛船。龙舟色彩一般漆以蓝白色为多，蓝色多在船舷描水纹画，白色绘制成龙鳞。不竞渡时，小龙舟往往穿梭于大龙舟之间，进行水上表演。

凤舟游船

凤舟。竞渡龙舟中有特色的，还有凤舟竞渡，赛凤舟是为了纪念中国历史上唯一的女皇帝武则天的一项民间节日活动。还有人认为：凤舟来源于远古的乌舟、鹢舟。该活动从最初的划彩船游河湾到今天的凤舟比赛，已历经了1300多年漫长的发展演变。凤舟打扮呈凤凰形，舟身两侧有凤翼，能张能收，这种有翅膀的龙舟还有重庆奉节下关城的白龙舟，因白龙舟身上安有翅膀，而叫“飞白龙”。奉节解元沱的白龙舟旗帜上有一个太极图，称“太极图白龙”。广东番禺市石桥的凤舟，四川广元市女儿节凤舟赛，划手清一色全是女性，以其独特的魅力感染和召唤着女性同胞们的参与。乾隆檀萃《粤囊》载：“龙舟以吊大夫，凤船以奉天后，皆与五日为胜会。庚午之夏，番禺石桥村入聚万金，制凤船，长十丈，阔丈三，首尾高举，两舷重翼为舒敛，背负殿宇，以奉天后，游各水乡。”①

旱龙船

亦称“划旱船”、“跑旱船”、“采莲船”、“彩龙船”。是在陆地上模仿水中龙船进行的一种表演，也属于非竞渡龙舟。旱龙船形式简单，用山竹或篾条扎成船形骨架（规格为船身长1丈，船肚宽1.5尺），用蓝色或绿色绸布绕船沿周围与船舷扎紧，底边拖地，意为船浮在河水中。船体分三段，前段分4尺长为船头，中段为1.5尺长为船肚，后段为4.5尺长为船尾。船头船尾上部用红布封好，船肚留桨手位不封，从船肚两边船沿处系一条彩带。船肚前后左右扎4根竹竿，用彩色纸装饰成翘四角的船彩篷。彩龙船表演时，一般要有5~7人参加，由美女撑船，俗称“彩莲女”，将彩带套在肩上“扛”起龙船，脚不准露出水面（彩绸布），旁边是纤夫、桨手和艄公，旱龙船时进时退，时快时慢，时而颠簸回旋，时而摇晃起伏，活像真船在江河中漂荡。几个人绕“船”边歌边舞。完整的旱龙船队由器乐打击、跳船、划船、戏船、唱、帮腔几部分组成。

现代旱龙舟

临安旱龙舟

《太平广记》、《明皇杂录》中记载的唐代《旱船》，宋代的《旱龙船》，都是陆地上模仿水中划龙船之舞；广东的佛山、东莞、信宜都

① 任国瑞．端午龙舟竞渡．香港：瑞华出版社，1995．

彩莲船

有旱地划龙舟之俗，实际上也是一种舞蹈，佛山秋季的旱龙舟最为壮观。《燕京岁时记》描述清代灯节《跑旱船》：“村童扮成女子，手驾布船，口唱俚歌，意在学游湖而采莲者。”清《北京走会》图所绘《旱船走会》中则有戏妆女子驾布船，旁有花脸艄公执竿作撑船状，并有四人伴奏。《徽州府志》载：“五月五日，迎神船逐疫，船用竹为之，袭画状似鳅，以十二人为神，载而游绪市。”另有把小型旱龙船给小儿做玩具的。

沅陵还有划旱龙船的习俗，不过旱龙船的时间不是在五月，而是正月。旱龙船通常用竹子或木头做成，船是供奉傩公傩母（五溪一带盘瓠、辛儿的另一种形象），由巫师领头，众人敲锣打鼓，抬着它，于正月间逐村逐户地送福。主人家则要放着鞭炮迎接，并且还要给傩公傩母敬献香、米、花鞋、红绸布等物，认为只有给祖先们送上这些祭物，才会得到祖先保佑，消病免灾，百事通畅。这与五月辰河传统龙舟赛祭祀血瓠祖先，有异曲同工之处，实际是沅陵传统龙船的一个变种。清朝光绪年间，湘西文人向晓甫有一首《竹枝词》，形象地描述了沅陵划旱龙船的风俗：“旱龙船到画堂中，既上花鞋又上红。祝

新春彩龙船

现代儿童旱龙舟

罢傩神无别事，一门清洁谢主东。”浙江武义县，过去也有旱地推龙船之俗，也认为可除邪祟。

四川泸州泸县德胜乡（旧为林场口）附近没有水面，旧时有组织象征性的化装赛跑的习俗，参赛男子扎腰带系头巾，手执彩桡边划边跑，也称划旱龙船。

改良旱龙舟

江西等地有旱龙舟之俗，是在陆地上进行的模拟龙船比赛的活动。龙舟有竹制，也有木制，这种活动观者如云。《琼州府志》载：“城中人缚竹为船，用五色纸为饰，鸣钲鼓沿街作竞渡状，名曰旱船。”《江西通志》载，在金溪城，“每岁五月五日，城内造龙舟，以人装故事其上，一舟数百人舁之，行诸陆地”。《南昌府志》载：“五月五日为旱龙舟，令数十人舁之，传葩代鼓，填溢通衢，士女施钱祈福，竞以爆竹辟除不祥。”《歙县志》等均记载了当地有旱龙舟之俗。

目前，现代旱龙舟已经作为一种拓展培训的科目，进行了科学改良，目的是培养团队协作的精神，受到普遍欢迎。

第八章

龙舟的传承与传人

龙舟的传人

龙舟制作濒临失传，造龙舟有相当的难度，需要懂得木工、雕刻和机械知识，加上这行是没日没夜的体力活，所以越来越少有人做了。现在的年轻人不愿意学习这门技术，他们普遍认为做这行太辛苦，而且没有什么前途。并且制作龙舟受季节影响，工人工资没有延续性的保障，这也是年轻人不愿意学的主要原因。他们宁愿去现代化工厂打工挣钱，也不愿意学习传统龙舟制作技术。

龙舟制作技术难以传承，老辈师傅们对此深有体会，他们这代人受父辈的影响较大，对龙舟有着深厚的感情，不想让这门祖辈传下来的手艺后继无人。他们最初制作龙舟是为了养家糊口，在民间自发形成。对他们而言，龙舟不仅是一件商品，而且是自己精神信仰和物质生活的全部。改革开放后，人民的生活水平提高，传统文化普遍受到重视和发展，龙舟制作兴起，成为村民文化娱乐和提高生活水平的一种方式或手段。但他们的儿孙辈就没有这样的想法了，许多人不愿意继承父业。随着社会的发展导致传统龙舟制造业后继乏人，面临着失传的危险，龙舟的制作技术陷入青黄不接的局面。

所幸这种情况引起了各地政府的高度重视，为使这项传统的文化得到传承和保护，有些地区将龙舟制作技术提请申报为省市级非物质文化遗产。例如中堂镇龙舟制作已经成功获批为中国非物质文化遗产。据了解，中堂镇政府还在酝酿建立龙舟制作培训基地，设立龙舟制作保护基金，以改善龙舟制作人的生存环境和生活待遇。

百年龙舟世家

一、广东佛山三水关氏家族

造龙舟师傅关勇强，在当地小有名气。他从小就在爷爷跟前学，上百道工序都刻在脑子里了。关勇强的太爷就是一名造船工匠，以前在肇庆拜师学成造龙舟的技艺，后传给爷爷关队，爷爷建造船无数，从渔家小艇到运沙货船。虽已将手艺传承给儿子关苏及一对双胞胎孙子，爷爷仍负责每艘龙舟的龙头雕刻与制作。

关勇强不到20岁，就接过年过八旬爷爷的衣钵，传承了祖宗四代百年制作龙舟的祖传家业。“三水关勇强”几个字在作坊前的木梁上悬挂多年，他的名声也早已远扬，迄今为止，他制作的最长的龙舟长48米，可供100多人同时乘坐。南海黄飞鸿舞狮团在两年前就邀请他做一艘108米长的龙舟，可供数百人同坐，关师傅说：“正在考虑筹备和策划当中，超长龙舟的制作风险很大，万一硬度与弧度设计得不精确，很容易折断。同时还要考虑到完工后的运输问题，万一龙舟质量出了纰漏，以后的名声和牌子就都砸了，所以每一个细节都要筹划好。”

三水西南新沙村关氏
龙舟造船世家

关氏龙舟世家可以打造世界上最长龙舟

对于自幼热衷于制作龙舟的关勇强而言，做龙舟虽然是件苦差事，但每当看到自己亲手制作的蛟龙下水、夺标的场景，所有的疲倦与辛劳一瞬间便消失殆尽。在2006年广州国际龙舟比赛时，从珠江桥到海珠桥有将近一个小时的赛程，关勇强的眼睛一刻不停地跟着刻有“三水关勇强造”的龙船，夺取前8名的龙舟，都是他亲手制作。从那时开始，三水有个造龙舟的关勇强开始被广泛传播。一年当中，他只在过年期间休息10天，其余的所有时间都用来研究和制作龙舟，三水关师傅所造的龙舟，已经传播到整个珠三角，南到潮汕、北到韶关，甚至美国都有人慕名前来订做龙舟。

每一届的龙舟大赛，在珠三角是一件隆重的大事。对于好学的关勇强而言，这是每年一度提高制作龙舟技艺的好机会，因为在那个时候，来自全国各地能工巧匠制造的龙舟会聚于此，可以取其精华，学习别人的制作优点以提升自己的技艺。

在三水老沙岛星沙村口，绿荫深处竹架搭建起的占地约2000平方米的手工作坊，便是“三水关勇强”龙舟制造厂。高增村村长慕“三水关勇强”的名号，前来订做龙舟，希望打造一艘更好更快的龙舟，在高增村，全村比赛划龙舟已是多年的传统，村长期盼本村能在一年一度的广州龙舟比赛中获得好名次。如此慕名前来订做龙舟的，应接不暇，而该手工作坊在星沙村口持续了上百年。

龙舟制造厂

凡是新龙舟开工，都要选吉利时辰，首先祭拜，口里念着“开工大吉，顺顺利利”，手举松柏枝叶，围绕着新开工的龙舟走几圈，点燃鞭炮，工人师傅虔诚地站立在“三水关勇强”龙舟作坊前，为新开工的龙舟献上祝福。这种龙舟开工拜祭的传统，在珠三角地区代代传承。

每艘龙舟的龙骨关勇强都要亲自把关，因为这是龙舟技艺当中最为考究的一项工序，龙舟的承重性能、弧度及协调性都集中于此。

二、福建省闽侯县南通方庄方氏家族

龙舟世家传人方捷介绍，做龙舟要先做“龙骨”，“龙骨”相当于龙的脊梁。首先要选一根整长木，安放在龙舟最底部。当“龙骨”成型的时候，订做人总是要邀请村民，家家拿出点心，祭拜“龙骨”。

传授龙舟制作

当地制作龙舟，事先画好图纸，精细地测量好龙头和龙尾翘起的角度。挑选的龙舟木料，比老辈那一代薄了4~5厘米，船整体分量减轻很多。传统的龙舟一般长18.3米，现在改良版的新式龙舟，长19.1米，船尾不像以前那么翘，吃水很浅，阻力相对较小，速度也比以前快了许多。在船头和船尾翘起的地方要做个凹槽，减小阻力，便于划水。以后的龙舟，可能越来越窄长，划手不是传统的32名，可能减少为20多名。许多人订制24米的长船，因为薄轻、吃水浅，行驶起来更快，所以普遍受到欢迎。

三、湖北泽林旱龙舟制作第五代传人

由于鄂州曾是楚之别都，当年屈原遭流放来过此地，因此这里的端午就显得有些与众不同，据说一些传统的纪念活动保持了上千年的风貌，泽林旱龙舟就是其中之一。据资料记载，旱龙舟并不是泽林独有，三湘楚地的人们也以玩旱龙舟的形式纪念屈原。旱龙舟形如彩莲船，用普通的竹子和彩布制成船状，人站在中间系在身上，一边划桨一边行走。当地划旱龙舟的比赛不是比速度，而是比表演。参赛者浓妆打扮，边划船边歌舞，别有一番情调。

泽林旱龙舟与众不同。旱龙舟长一丈六尺，高一丈三尺五寸，宽四尺二寸，用彩纸扎制而成。全舟分前后三眼舱，上中下三层。

纸扎24名水手，象征着一年24节气，上面扎12花神，代表一年12个月。还有鼓乐队、长号手、文武官员、屈原像、离骚亭、涉江亭。每个扎纸艺术造型都形象逼真，神态各异，穿戴华丽，栩栩如生。邓进文是泽林旱龙舟制作的第五代传人，还有出生于1930年的扎纸艺人王海宴，他们都有一手扎制旱龙舟的绝活。旱龙舟的工艺制作基本保持先辈传下来的旧时模样，制作题材雅俗共赏、独具一格，2006年，泽林旱龙舟被列入鄂州市级非物质文化遗产保护名录。

每逢农历五月十五被泽林村民称为“大端午”，由于泽林与汨罗相距千里，屈原投江的消息传到泽林，已是五月十五。泽林百姓万分悲痛，将五月十五定为屈原纪念日。这一习俗已在鄂东地区流传，只是泽林更重视大端午。

大端午旱龙舟开始它的巡游活动——纪念屈原。经过一番隆重的祭祀之后，泽林村里的旱龙舟开始巡游。旱龙舟由8个年轻力壮的小伙抬着，出巡时，旗幡簇拥，旗上所写文字均选自《离骚》，如“望舒先驱，上下求索”、“正则灵均，高阳苗裔”等。旱龙舟所经过的人家均摆案设香，供上一条全鳞全甲腊鲤和一块新鲜的腊肉，每家的大门左上侧插一黄色三角小旗，上写“太平船会”，所谓船会，便是旱龙舟。泽林村民为什么要选在这一天来纪念屈原呢？相传，泽林在古代是沼泽丛林之地，瘟疫流行，民不聊生，有民谚为证：“一进泽林咀，男女都有喜。女的怀十月，男的怀到底。”说的便是当地血吸虫危害百姓健康的悲惨情景。屈原被贬流放，来到鄂渚（今梁子湖）。在鄂地期间，屈原多次来到洋澜湖之畔的泽林，建议人们挂菖蒲、喝雄黄酒、熏烟包，驱邪气、避瘟疫。泽林百姓如此做后，果真见效。由此，泽林百姓与三闾大夫建立了深厚的感情。随着地理环境的改变，泽林渐离水域，没有了可供赛龙舟的水面，当地百姓便以扎制旱龙舟并在街上巡游这一特殊形式取代了水上赛龙舟的普遍做法，以表示他们永远怀念屈原之情。

四、浙江船寮造龙能手

祖孙三代木匠世家的夏小君说，村里的龙舟都出自他们家人之手。一条好的龙舟，划起来轻巧，划得快，如果打造得不好，龙舟在水里根本划不起来。

夏小君一家，祖辈都是造龙舟的能手。如今的夏小君，已有三十几年的造龙舟经验，全县将近 20 只龙舟，都出自他和哥哥的手，不但在本县小有名气，甚至景宁、龙泉、云和等地的人都知道他的精湛技术，来请他打造龙舟。夏小君介绍，造龙舟干的都是精细活，单是造船的工序，就有很多道，非常考究。一条完整的龙舟主要由龙头、龙身和龙尾三部分组成，大概需要 20 天才能完成。龙舟看似好做，其实非常难学。和他一起造龙舟的哥哥已去世，现在，在全市范围内，能打造龙舟的可能只有他一人，保护好这门制作工艺，对于该县的民间文化是非常重要的。

五、广州番禺大石上漖村——龙舟村

小小的“龙舟村”生意兴旺得很，造船基地天天都有新船入水，越近端阳新船下水越多。这里是珠三角闻名的“龙舟生产基地”，广东省八成的龙舟都由这里的师傅手工制作。他们的产品远销非洲、美洲等地，在国际上也已经成为知名品牌，每年都有龙舟出口到世界各地，甚至接到南非的订单。

上漖村，沿河涌一带全是简陋的连片棚架，走近才发现这些高大的棚内“藏龙卧虎”，龙舟一只连着一只，只只顺着水面方向。端午将近，每天各船厂迎接新龙船的人络绎不绝，每家船厂下水处铺满炮仗红屑。上漖村传统龙舟下水有一套仪式，择取吉日良辰，供上金猪、米酒、果品，燃香烛、放鞭炮，打出自己村族的锦旗罗伞热闹一番。造一只传统龙舟，流程包括：开料、放样、雕刻、装嵌、校正、成型、打磨、上色装饰等。人手充足时，一星期就可以下水了。

上漖村制作龙舟，从明末清初已经开始，至今已有近 300 年的

历史。鼎盛时期曾有超过30家造船作坊，现如今上规模的只剩下约15家，造船厂多是祖传家业，手艺非常精良。船厂从老板到普通工匠全是本村人。村里有黄氏、卢氏和陈氏等一批造龙舟好手约20多人，工人几乎都是四五十岁以上。这门手工技术基本上都是口耳相传、现场传授，而且家族式传承居多，很少有人将其用文字记载下来。

69岁的黄师傅是祖上第四代传人，如今干活仍然手脚麻利。正是因为手艺信得过，附近村民不惜用机船拖送两百里，运来一只旧龙舟请他维修保养，而这只龙舟正是20多年前他亲手制作的。上漖村每家厂棚上面，都吊着几只大龙舟，这是一些村因为船只维修、河道淤塞、村庄征地等各种原因将他们的船拿来这里维修保养托管的。75岁的卢伯造龙舟的手艺是首屈一指的，他介绍，标准龙（15米长比赛用龙），重约800公斤；传统龙短的约20米，可容40人；长至48米，可容84人，曾经最长的达50余米，可容百人，这种龙一般用传统坤甸木制作，重量达到3~5吨，适宜表演，小心保养使用一两百年不成问题。

这些年柚木、杉木船因为船身轻，造价相对便宜而受欢迎。船价由2万元至20万元不等，不单珠三角许多地方订造，湖南、福建、广西等地也开始模仿广州龙舟在此订制。远至东南亚、南非、美洲等地都有订单，陈氏龙舟厂一年约可接40余只龙舟订单。

六、东莞中堂龙舟制作已有上百年历史

在东莞，九成以上的龙舟出自中堂镇的斗朗、马沥、东向3个村。其中，斗朗村制作龙舟的历史最为悠久，口碑最为响亮，据说已经有200年以上历史。如今，斗朗村的龙舟制作技术已经享誉东莞乃至珠三角，近年来生意非常红火，每年都会有大批客户前来订购，近到东莞各个水乡镇街，远至黄埔、增城。2008年，中堂的龙舟制作成功入选国家级非物质文化遗产，斗朗村大力发展龙舟模型业，这些龙舟模型全部按照龙舟的规格和比例，制作微型版的龙舟，

受到市场欢迎。斗朗村的灼兴龙舟制作厂厂长霍灼兴也被选为广东省龙舟制作传承人。

龙舟的传承与发展

赛龙舟的发展与社会的发展有着密切的联系。赛龙舟的发展，大致可分为五个阶段：兴起——战国以前、兴盛——唐宋之后各代、低落——“文革”期间、复兴——十一届三中全会以后、大发展——全国龙舟协会成立以后。

兴起时期。前文说到，在远古社会，居住在江南一带的古越族先民们，生活在“陆事寡水事重”的自然环境中，乘坐装饰图腾崇拜的独木舟——龙舟，成为生产和生活中的重要交通工具。随着部落民族的发展，加之图腾、龙神观念的变化，龙舟逐渐发展成为人们心目中崇拜的“神灵”，龙舟也由独木舟发展为船形龙舟。至战国时期，特别是屈原投江后，竞渡的习俗也逐渐发生变化，人们为了纪念这位伟大的爱国诗人，将赛龙舟与屈原巧妙地结合在一起。这段时期，为赛龙舟的兴起时期。

兴盛时期。自唐朝起，赛龙舟进入了兴盛时期。从唐宋两朝官府开始，大力开展赛龙舟，宋朝追封屈原为忠烈公，把五月初五定为端午节，传谕全国纪念屈原。赛龙舟的民间传说多数都是反映这一历史时期的人物和事件，流传多而广；唐代之后，许多著名诗人不惜笔墨描写赛龙舟的壮观场面，留给后人的诗词歌赋不计其数，如宋朝的张岱曾经用怒、悍、绚、节、危、锷、险七个字来形容它的精彩，他在《陶庵梦忆》中描写瓜州的龙船曰：瓜州龙船一二十只，刻书龙头龙尾取其怒；傍坐二十人持大楫，取其悍；中用彩篷，前后旌幢绣伞，.取其绚；撞其锣挝鼓，取其节；后列军器一架，取其锷；龙头上一人足倒竖，取其危；龙尾挂一小儿，取其险。南方水乡地区的历史县志，对于赛龙舟的史料均有文字记载，依照近人从台湾研究院所藏的几千种方志加以统计：湖南省 26 种、湖北省 41 种、广东省 42 种、浙江与福建省各 16 种、江苏省 26 种、安徽省 8

种、江西省20种、四川省15种、云南省与广西壮族自治区各4种、台湾省9种，总共多达227种地方县志有这种风俗的记载；唐代之后的考古出土文物当中，也多有反映这一时期赛龙舟的盛况。当道教、佛教产生后，本来就很“神灵”的赛龙舟又抹上了一层宗教色彩，这些变化，既反映了封建社会科学文化落后，人们愚昧无知，祈求神灵保佑来求得心理上的安慰，又是赛龙舟内容上的一个新的发展。到了民国，随着现代体育项目的引进，赛龙舟开始向体育化过渡，许多地方县府出面主持比赛。这一时期赛龙舟开始采用近代体育比赛的淘汰制度，竞渡的规则开始规范和统一。由此可知，自唐宋起，直至新中国成立后，赛龙舟始终以南方和中部多水域河港地区为主，全国流行十分普遍。

低落时期。龙舟的发展在“三年自然灾害”及“文革”期间受到了阻隔。“文革”期间，龙船统属“牛鬼蛇神”、“破四旧”之列，划龙船是封建势力复辟，因此被明令禁止端午节举行赛龙舟，全国各地龙舟遭到了毁灭性的破坏。不仅赛龙舟被严加禁止，而且许多地方的龙头、龙尾也被烧掉，龙舟被劈烂，在此期间，也有的地方，少数村民把龙头龙尾藏起来，划着光船躲到偏僻的港河自行竞渡。“文革”十年，全国赛龙舟处于低落时期。

复兴时期。党的十一届三中全会后，随着生产的发展，人民生活水平的提高，赛龙舟有了较快的发展。表现在几个方面：一是群众喜闻乐见，各地举办竞赛的规模不断扩大，新造的龙舟增多，参赛的队伍增加；二是竞渡的规则，竞渡技术方法更加科学，如用终点计时的方法来裁判领先的龙舟，取代了传统的夺标；三是妇女可以参加赛龙舟活动，打破了女子不能上龙舟的传统旧观念，成为全国人民喜庆，祈祷吉祥的体育活动；四是扫除了地方宗族械斗的劣习，“团结、协作、拼搏、进取”的龙舟精神被大众所接受，树立了社会主义精神文明的新风尚。

大发展时期。改革开放以后，龙舟这项民间自发的活动，越来越受到政府的重视，政府充当了组织者的角色，成立全国龙舟协会，实行全国统一的龙舟竞赛规则。特别是国家体委将龙舟列为全国正式比赛项目之后，许多地方每年都会集中组织一次大型的龙舟竞赛活动，规模、档次、参赛队伍一年超过一年，龙舟运动进入了空前发展时期。归纳起来，反映在几个方面：一是各地区统一了龙舟活动的领导，并成立了地方龙舟协会，改变了历史上“群龙无首”的局面；二是各地龙舟活动踊跃，赛龙舟时间和内容形成制度，参赛的队伍和规模在不断扩大；三是竞赛规范化，各地区采用全国统一的龙舟规格制造龙舟，竞赛办法也趋于相互统一；四是拓宽了龙舟为两个文明建设服务的新路子，开始把赛龙舟与物质交流结合起来，提高龙舟的社会效益和经济效益双丰收，龙舟搭台、经贸唱戏，促进地方经济全面发展，充分体现各级政府对构建和谐社会的重视；五是通过广泛开展赛龙舟活动和比赛，来更好地传承和推广该项运动，弘扬民族文化，实施对外开放、与国际接轨、向全世界展现中华传统文化。

傣族妇女划手

巾帼不让须眉

龙舟运动大事记

1976年6月，由香港旅游局举办的世界上第一次国际龙舟赛在香港举行。

1983年，龙舟被列为我国正式开展的体育竞赛项目，开始举办“屈原杯”全国龙舟锦标赛。

1985年，中国龙舟协会成立，开始规范和管理。

1991年6月14日，国际龙舟联合会在香港成立，现有会员48个。

1992年8月23日，亚洲龙舟联合会在北京成立，现有会员14个。

1994 年，国家体育总局社会体育指导中心成立。龙舟活动朝着规范、规模、大型化的方向发展。

1994 年，广州市政府正式规定：农历五月初五的龙舟活动为龙舟节。

2005 年，国家体育总局社会体育指导中心、中国龙舟协会与 8 省市政府联合开展“全国龙舟月”活动。从 2005 年 6 月 11 日于上海开始，历时 1 个月举办了 8 站大型国际龙舟赛事，吸引了美国、澳大利亚、德国、新加坡等 10 多个国家和地区参赛，龙舟队伍达 400 多支 14000 余人；由湖北、辽宁、吉林、黑龙江、江苏、浙江、安徽、福建、江西、山东、湖南、广东、广西、重庆、贵州、云南、陕西等举办地方性龙舟活动达到 10 多起，参赛选手达到 4 万多人，观众超过 1000 万人。各类比赛分别设置了标准竞技龙舟、小龙舟、传统龙舟、彩龙舟等各种类型的龙舟活动，集中展示了龙舟运动的发展情况，这在中国龙舟运动发展历史上是前所未有的。

2005 年，龙舟成为东亚运动会正式比赛项目。

2005 年，第七届世界运动会，龙舟首次作为表演项目出现。

2010 年，龙舟成为广州亚运会正式竞赛项目。

龙舟博物馆

宝山罗店龙舟博物馆。2006 年国内首家龙船博物馆现身上海宝山区罗店镇。在这家博物馆内，除收藏了罗店特色的 7 艘龙船外，还从全国各地收集了近 80 艘各种材质的龙船模型。目前，具有 400 多年历史的“罗店龙船”已申报了国家非物质文化遗产。宝山罗店是上海龙船的发源地，其龙船的形成与其古镇“三湾九街十八弄”的水乡格局息息相关。罗店龙船源于明末，兴盛于清朝，和其他地区的龙船不同的是，罗店龙船

博物馆的龙舟

分为白、绿、金、紫等颜色，长 6 米的木制龙船分为上、中、下三层，船上插有 28 面各式龙凤锦旗，船的龙头由整段粗壮的樟木雕成，龙口内含着一颗明珠。专家认为，罗店龙船的造型既有本土的特色，同时又融入了建筑、雕刻、织锦、书画等众多艺术的精华。“罗店龙船”申报国家非物质文化遗产，这意味着它作为一项民俗特色文化已得到有关部门的初步认同，同时也标志着对罗店龙船的保护、抢救、利用、传承与发展进入了实质性阶段。

龙舟顶部雕刻和装饰

龙舟中间指挥厅的正面雕刻

傣族龙舟博物馆。位于西双版纳曼迈桑康国家 AAA 级风景区，2009 年正在建设傣族龙舟博物馆。目前博物馆有铁制龙舟 8 艘（傣族传统龙船的船板要求是整块的）、木制龙舟 2 艘，放入博物馆的就是 2 艘木制龙舟，分别叫“曼春满”号和“曼听”号，长度分别为 25 米、20.4 米，它是从傣族园曼春满村和曼听村找来的。据说，整个西双版纳只能有 12 艘龙船，这是根据西双版纳由 12 个勐组成决定的，12 艘龙船分别代表西双版纳 12 个勐，所以西双版纳 500 多个傣族寨子都以拥有龙舟为殊荣，而陈列在博物馆里的两艘极品就是上述资料记载的 12 艘中的两艘。

建设中的曼迈桑康龙舟博物馆

曼谷寺庙皇家龙舟

汨罗龙舟博物馆。计划筹建中，

占地200亩的赛龙舟诗词碑廊、龙舟艺术精品大观园、祭龙坛、九龙戏水、大型音乐喷泉广场、十二生肖群雕等。广西柳州融安县、湖南望城县千龙湖的湖心岛上也有望建设龙舟博物馆。

还有各地的古龙船，被国家收购，收藏于博物馆。如广东省新博物馆，收藏一艘建于1978年的龙舟，全身黑色，取材铁梢木，故名“黑龙”。黑龙全长41米，重3.75吨。

赛龙舟的广阔前景

群众喜闻乐见的体育活动。赛龙舟有广泛的群众基础，是普及群众体育特别是农村体育的重要途径。活动对象无论男女老少，都积极自愿参加。每次竞渡都是一次盛会，吸引着千千万万的观众，经常会导致竞渡周边人流涌动，交通拥堵。由此可见，开展赛龙舟，还是增加体育人口，弘扬体育精神，推进体育社会化的有力措施。

促进精神文明和物质文明建设。赛龙舟弘扬积极进取、团结协作、顽强拼搏的精神。通过赛龙舟，向广大人民群众进行爱国主义、集体主义教育，培养良好的道德风尚。竞渡活动为丰富人们节日文化生活作出了积极贡献，龙舟竞赛与经济贸易、国际交流和旅游发展相结合，不仅可以收到社会效益，还可以收到明显的经济效益，为物质文明和精神文明建设发挥积极作用。

国际竞渡

增进国际交流的桥梁和纽带。目前龙舟运动已在欧洲、亚洲、美洲、澳洲及30多个国家和地区开展，主要有：澳大利亚、日本、英国、美国、法国、加拿大、菲律宾、泰国、新加坡、新西兰、马来西亚、荷兰、意大利、越南等国。老挝和柬埔寨，赛龙舟还伴随着泼水节一起举行。港、澳、台地区赛龙舟历史也比较悠久。现如今，龙舟运动不仅是中国传统体育项目，而且已成为传播和弘扬“龙文化”的重要载体。对传承中华民族文化，弘扬龙舟精神，促进龙舟运动进一步走向现代化、国际化和科学化，加强中外体育文化交流具有特殊和重要的意义。

赛龙舟——世界文化遗产

世界文化遗产专家组成员邓微说：“沅陵传统龙舟十分有代表性，它拥有历史最悠久、参赛规模最大、运动员最多、观众最多共四个世界之最，将填补世界遗产项目空白。”目前该县正在着手申报世界文化遗产。

1960 年，韩国中央大学的任东权教授发现江陵市搞的端午祭活动规模最大，很有特色，于是写了调查报告，向韩国文化观光部申请确认其为“重要无形文化遗产”。冰冻三尺非一日之寒，韩国江陵端午祭的保护早在 40 年前便已开始。在中国刚刚开始“破四旧”的 1967 年，它被指定为国家第 13 号重要无形文化遗产和重要无形文物予以保护，每年吸引国内外百万人次参与和观光，由此开始，韩国文化部门积极筹备把江陵端午节列入世界遗产申报名录。从那以后，江陵端午祭的盛大活动得以恢复，并呈发展趋势。

韩国江陵端午祭

江陵端午祭是现在韩国保存比较完整的传统节日习俗之一，原来在韩国许多地区都有端午习俗，后来随着社会的发展渐渐消失了，唯独江陵地区完整地保存着。江陵端午祭是韩国江陵市市民祈求丰收和安康，举行摔跤、荡秋千等游戏的大型民俗活动。据韩国学者考证，端午祭的内容在“朝鲜时代”南孝温的《秋江集》就有表述，因此江陵端午祭的由来被追溯到一千年前。在 20 世纪四五十年代，韩国人向往现代化，到 60 年代经济起飞，在这期间，受西方文化的冲击，本土文化被忽视。当时一些有识之士感到，文化上的全盘西化，将使本民族文化逐渐枯萎、失传，民族精神将受到抑制。

从60年代开始，民俗文化的搜集研究受到保护和重视，民族文化的遗产作为“无形文化财产”被保护起来。2005年11月24日，在韩国文化部门的积极努力下，江陵端午祭被联合国教科文组织正式确定为“人类口头和非物质遗产代表作”，成功申报“江陵端午节”，列入世界非物质遗产代表作名录，韩国把这个传统节日包装成了“世界品牌”。

围绕着端午节申遗之争，保护和重视中国传统文化刻不容缓。从2005年开始至今，在中国学术界和民间都产生了极大的震动。端午节起源于中国是不争的事实，这一消息刺激了我们的神经。联合国教科文组织对无形遗产申报的要求是每个国家每两年才能申报一项，中国急需保护的无形遗产很多，所以才导致此次韩国抢先申报。有专家认为：汉文化是时间累积起来的工程，是历史文明留下来的灿烂和轨迹，但是汉民族并不见得自我完全认同汉文化，大陆有许多文化断层的问题，所以才让韩国人有机可乘去做这样的事情。这应引起有关部门的反思：如何提升传统节日的文化功能？如何提升国人对传统文化的保护意识？当前传统节日遇到的更深层次的问题，关键在于中国的节日风俗也要改革！什么节日都是“吃”，现在的物质条件很丰富，已经不缺“吃”了，过节的意义也就不大了。与他国相比，我国节日体系的传统文化特色显得不足。面对全球化的挑战，传统文化又有被西方价值观念和生活方式遮蔽的危险。

中国的端午节除汉族外，还有满、蒙、藏、苗、彝、畲、锡伯、朝鲜等约28个少数民族庆祝这个节日。历史上很早就传入了日本、朝鲜、越南等国家，这些国家同样也欢度端午佳节。众所周知，这个节日最早源于我国，老百姓普遍所熟知的内容：端午节吃粽子、赛龙舟，是一个纪念楚国爱国诗人屈原的节日。在相当长的岁月里，当代青年人普遍不了解端午节的真实内涵，逐渐失去了旧时传统文化传递的美好记忆，并从整体上冲淡并损害了端午节中华儿女共享的祝福、祝寿、企盼吉祥的纪念意义。对于像端午节这样的多民族的全民节日，应当学习和了解它两千多年来的防灾祛病、祈求健康长寿的本来含义，抢救并保护其原汁原味的文化形态。

中国民俗学会理事长、中国社会科学院研究员刘魁立认为：“韩国申遗成功对我们的端午文化不会有什么冲击，无形文化遗产是全人类共享的财富，我们的文化传统被别国认同，我个人认为不是一件坏事。”江陵端午祭其实与中国的端午节内容完全不同，这与中国人吃粽子、划龙舟、纪念屈原有区别。在江陵地区，端午祭有着烦琐的祭祀仪式。如果从迎神的“前夜祭”算起，一般要举行五个昼夜。如果从“山神祭”算起到送神止，时间长达20多天；如果从“谨酿神酒”算起，则长达一个月的时间。除指定的祭礼（谨酿神酒——送神仪式）、巫祭、官奴假面戏、农乐竞赛、儿童农乐竞赛、鹤山奥道戴歌谣（这些都是地区或国家指定的无形文化遗产）外，还有众多的民俗活动，如汉诗创作比赛、乡土民谣竞唱大赛、全国时调竞唱大赛、拔河、摔跤、荡秋千、射箭、投壶等；庆祝活动，如烟火游戏、端午放灯等；夜间活动，如国乐表演、伽琴并唱等；艺术活动更是丰富多彩。此外还有被称为“乱场”的商品交易。相同点是时间框架，都是在中国的端午节期间举行。韩国申遗成功实际上给我们带来了很好的启示：韩国把传统的文化活动注入了现代的元素，成功地实现了现代转型，并得到了国际认同，对于中国文化遗产的保护有借鉴意义。

正如专家说的，韩国端午申遗成功不是一件坏事——至少“刺激”了中国更重视自己的传统民俗节日。目前国人已经意识到了这个危险，我国政府已经将清明节、端午节、中秋节纳入法定节假日。对此，韩国《朝鲜日报》评论认为中国要把中秋、清明、端午指定为法定节假日是“前所未有的”。评论说：“恢复传统为团结人民指出了新方向。中国人对这种复活传统的举动反响热烈，现在继承和维护中国传统文化的认同感就是文化层次的转型。”韩国保护江陵端午祭的经过告诉我们，一个国家对本土文化态度的转变有多么可贵。因此，这也是一种激励，激励国人去保卫祖宗的“遗产”，从中体悟它们的弥足珍贵。和屈原密切相关的汨罗、秭归、溆浦三个城市也从中看到了商机，三地共同签署一份协议，将联手打造“屈原文化旅游圈”。

2009 年 9 月 30 日联合国教科文组织保护非物质文化遗产政府间委员会第四次会议在阿联酋阿布扎比审议并批准了列入《人类非物质文化遗产代表作名录》的 76 个项目，中国占据 22 项，端午节、粤剧、书法、篆刻、剪纸等均名列其中。截至目前，人类非物质文化遗产代表作已公布三批，中国被批准列入该名录的项目总量已高居榜首。但是，申遗成功并不是最终目的，提醒国人要珍惜自己的民族文化精华，这样我们文化的表现形式才能得以保留，文化的内涵精髓也会因此而得到传承和发扬。联合国教科文组织之所以把认可的遗产冠以“人类”，目的就在于强调这些遗产属于全人类，它既属于某一国家又属于全世界。

参考文献

1. 闻一多．伏羲考．上海：上海古籍出版社，2006.

2. 张建世．中国的龙舟与竞渡．北京：华夏出版社，1988.

3. 李瑞岐，杨培春．中华龙舟文化研究．贵阳：贵州民族出版社，1991.

4. 任国瑞．端午赛龙舟．香港：瑞华出版社，1995.

5. 闻一多．端午的历史教育．见：我们的端午．长沙：岳麓书社，2004.

6. 彭国梁，杨里昂．我们的端午．长沙：岳麓书社，2004.

后　记

端午节起源于中国，已经有2500多年的历史了，在长期的流传和国际交流中，它被中国周边的国家和民族所吸纳和接受。在东方国家尤其是韩国，已经有1000多年的传统了，长期沉淀于韩国的文化土壤之中，已经完成了“本土化”过程，融入了当地历史和文化血脉，成为其本土文化的一部分，就像佛教在中国发展为禅宗一样，已经融入了那里的山川气息和人文追求，以不同的方式表达自己的文化情感，形成本民族独特的节日习俗。

作为和中国共享的一种文化现象，韩国江陵将端午祭申请了世界无形遗产，并有意识地对这个文化现象做了很多创造性的发挥，融入了不少现代因素，作为无形的文化遗产，“口头与非物质遗产”广泛吸引年轻人的参与和继承，尤其是1997年端午祭已经被选定为韩国的十大地方庆典之一。作为起源国的中国来说，韩国江陵端午祭“申遗”成功，也给我们敲响了警钟。任何东西只有失去的时候才觉得珍贵，虽然在感情上我们一时难以接受，但我们应该吸取前车之鉴，并借鉴他山之石，重视传统文化的保护。否则，在全球化时代背景下，我们的文化身份和文化之根将会丧失。可在此之前，虽有一小部分国人提出把传统节日法定化的建议，但应者寥寥。中国的民族民间文化保护法，至今都没有出台，而韩国在1962年就颁布了民间文化保护法。中国不少传统文化都存在着香火中断、继承人匮乏的威胁。我们得承认，年轻人对传统文化知之甚少，老传统似乎仅停留在书本上和老前辈们的记忆里。我们应该学习“江陵端午祭”好的做法，吸引年轻人，“薪火相传”，这样的传统和文化才是有生命力的。只有及时挖掘和保护无形的文化传统，才能使我们面向未来的时候，拥有数千年不坠的创造力和根植于黄土地的文化表达与幸福方式，才能在全球化的时代，保持个体与民族的清晰身份。既然是遗产，终归是历史形成的，历史上属于谁，应该是很清楚和明确的；至于现在谁传承得好，以及发扬和保护得如何，恐怕是更为重要的——历史上的所有并不都能成为现实归属的有效证据。“人类口头和非物质遗产代表作”区别于自然遗产的独有性，是它具有共享性。中华民族的传统节日，我们现在要争取的，不仅仅是“申遗”，而是真正的传承传统。

“老资格”、“吃老本”在中国习以为常，可在国际上并不认可，这一事件标志着中国传统文化正在面临某种危机，也留给我们更多思考……